$\perp$ 1107
$\text{II}$

# DISCOVRS
# DE LA VIE DE
## PIERRE DE RONSARD,
### GENTIL-HOMME VANDOMOIS,
*Prince des Poëtes François,*

### AVEC
## VNE ECLOGVE REPRESENTEE
*en ses obseques , par Claude Binet.*

### PLVS
## LES VERS COMPOSEZ PAR
ledict Ronsard peu auant sa mort:
### ENSEMBLE
## SON TOMBEAV RECVEILLI
*de plusieurs excellens personnages.*

## A PARIS,
Chez Gabriel Buon, au clos Bruneau, à l'image S. Claude.

### M. D. LXXXVI.
## AVEC PRIVILEGE DV ROY.

T el fut Ronſard autheur de cet ouurage,
T el fut ſon œil ſa bouche & ſon viſage,
Portrait au vif de deux crayons diuers,
Icy le corps, & l'eſprit en ſes vers.

# DISCOVRS DE LA VIE DE
## PIERRE DE RONSARD,
### gentil-homme Vandomois,
#### *Par Claude Binet.*

IERRE DE RONSARD eſt iſſu d'vne des
nobles familles de France, de la maiſon des
Ronſards, au païs de Vandomois, l'antiqui-
té de laquelle eſt aſſez auoüée & remarquée
des plus curieux, pour auoir tiré ſon origine
des confins de la Hongrie, & de la Bulgarie,
où le Danube voiſine de plus pres le païs de
Thrace, qui deuoit auſſi bien qu'à la Grece dóner à la Fráce le
ſurjon d'vn ſecód Orphee, auquel lieu ſe trouue vne ſeigneurie
appelée, le Marquiſat de Róſard, d'où ſortit vn puiſné de cette
maiſon, nommé Bauldouin, qui ſe voulant faire voye à l'honneur par les armes, aſſembla vne compagnie de gentils-hommes puiſnez, auſquels il fit trauerſer toute la Hongrie & l'Alemaigne, gaignát la Bourgógne pour venir en Fráce, qui eſtoit
lors le champ de vertu, & s'offrit au Roy Philippes de Valois,
lors empeſché en vne gráde guerre cótre les Anglois, lequel
l'employa en charges ſi honorables, & auſquelles il fit ſi bon
ſeruice à la couronne, qu'il eut occaſion par les bienfaiĉts du
Roy d'oublier ſon païs, & baſtir vne nouuelle fortune en Fráce, ou il ſe maria au païs de Vandomois, païs fertile & agreable, tant pour la temperature, que pour la bonté du terroir.
De là fit ſouche cette famille des Ronſards François, & continua en nobles & grandes alliances iuſques à Loys de Ronſard, pere de Pierre, qui s'allia de la maiſon de Chaudriers, có-
iointe de proche alliance a celle du Bouchage, de la Trimoüil-
le, & de Roüaux, deſquelles ſont ſortis pluſieurs grands capi-

taines, & illuſtres ſeigneurs, dont noz hiſtoires Françoiſes à
bon droit ſe glorifient, comme auſſi de celle de Chaudriers
qui fut fort recommandée en ſon temps, pour le grand ſeruice qu'elle fit à la France, ayant repris ſur les Anglois la ville de
la Rochelle, en remarque dequoy y a vne ruë qui ſe nomme
encor aujourd'huy du nom de l'vn de cette famille, qui en ce
grand & remarquable exploict ſe montra le premier des plus
vaillans : Ce que ie n'ay peu oublier, luy meſme le teſmoignāt
en l'Elegie xvi qu'il eſcrit à Remy Belleau. Loys de Ronſard fut cheualier de l'ordre, & Maiſtre d'hoſtel du Roy, &
pour la ſageſſe & fidelité qui eſtoit en luy, fut choiſi pour ac-
compagner Meſſieurs les enfans, François Dauphin de Vien-
nois, & Henry Duc d'Orleans, en Eſpagne, pendant qu'ils y
furent en hoſtage pour le Roy leur pere, d'où il les ramena, au
grand contentement de la France. Ce Loys auoit quelque
cognoiſſance des lettres, & principalement de la Poëſie, telle
que le temps pouuoit porter, & faiſoit aucunefois des vers
aſſez heureuſement, & me ſouuient en auoir ouy reciter quelques vns à noſtre Rōſard, ſon fils, qui monſtroiēt que la Poëſie vient principalement d'vn inſtinct naturel, lequel auec vn
plus grand heur toutefois, comme vn heritage, le fils à mōſtré
auoir continué en luy, y ayant conioint l'eſtude des lettres
Grecques & Latines. De ce mariage de Loys & de Ieanne
de Chaudrier, naſquit Pierre de Ronſard, au chaſteau de la
Poſſonniere en Vandomois, maiſon paternelle, l'an mil cinq
cens xxiiii, que le Roy François fut pris deuant Pauie, vn
Samedy ſixieſme de Septembre, & eſt à douter ſi en meſme
temps la Frāce receut par cette prinſe malheureuſe vn plus
grand dōmage, ou vn plus grand biē par cette naiſſance heureuſe, à laquelle eſtoit aduenu cōme à d'autres de quelques
grans eſprits, d'eſtre remarquée d'vne ſi memorable rencontre. Mais peu s'en falut que le iour de ſa naiſſance ne fut auſſi
le iour de ſon enterrement, car comme on le portoit baptizer
du chaſteau de la Poſſonniere en l'Egliſe du village de Cou-
ſture, celle qui le portoit trauerſant vn pré le laiſſa tomber par
meſgarde ſur l'herbe & fleurs qui le receurent plus doucemēt,

& eut encor cet accidét vne autre rencôtre qu'vne damoiselle
qui portoit vn vaisseau plein d'eau de roses , pensant ayder à
recueillir l'enfant, luy renuersa sur le chef vne partie de l'eauë
de senteur, qui fut vn presage des bonnes odeurs dont il deuoit remplir toute la France, des fleurs de ses escris. Il ne fut
laisné de sa maison, ains eut cinq freres naiz au parauant luy,
dont les deux moururent aut berceau, trois autres auec nostre
Ronsard resterent, dont laisné fut Claude de Ronsard, qui
suiuit les armes, Loys qui estoit l'vn des trois fut Abbé de Tyron, & de Beau-lieu. Quant à Pierre, son pere le fit instruire en
sa maison de la Possonniere, aux premiers traits des lettres par
vn homme qu'il y tint expres, iusques à l'age de neuf ans, qu'il
le fit amener à Paris, au college de Nauarre, où estoit lors
Charles Cardinal de Lorraine, qui le cogneut , & l'aima pour
ses vertus, pensant son pere qu'il d'eust continuer l'esperance
qu'il auoit conceüe de luy, lors qu'auec vne si grande viuacité
d'esprit, il surpassoit tous ses freres à comprendre les premiers
commencemens des lettres. Il n'auoit pas esté demy-an souz
vn regent nommé de Vailly, quãd rebuté par la rudesse de ses
maistres, comme ordinairement vn beau naturel ne veut estre
forcé, il commença à se degouster de l'estude des lettres : Dequoy son pere aduerty, le fit venir en Auignon, ou pour lors
estoit le Roy, sur les preparatifs d'vne grande & puissante ar-
mée, contre l'Empereur Charles cinquiesme, & le donna pour
page à Charles Duc d'Orleans, le dediant aux armes, ou il cõ-
tinua quelque temps fort agreable a son maistre , tãt pour vne
beauté grande qui reluisoit en luy, que pour la bonne façon
qui en vn age si tendre sembloit promettre quelque chose de
plus grand à l'aduenir. Et de fait sur cette esperance, à fin de
luy faire voir du païs, le Duc d'Orleans le donna à Iacques de
Stuart, Roy d'Escosse, qui estoit venu pour espouser madame
Marie de Lorraine, qui l'emmena en son païs. En Escosse il demeura trente mois, & en Angleterre six, ou ayant appris la lã-
gue, en peu de temps, il acquit si grande faueur, que peu s'en
falut que la France ne perdist celuy qu'elle auoit nourry pour
estre vn iour la trompette de sa renommée. Le bon instinct

A iij

toutefois de vray François le chatouilloit à toutes heures de
reuenir en France, ce qu'il fit,& se retira vers le Duc d'Orleãs,
son premier maistre, qui le retint en son escurie, où il auoit
pour compagnon & familier amy le seigneur de Carnaualet. Mais comme le Duc d'Orleans eut pris garde que Ronsard en tous exercices estoit le mieux appris de ses pages, fust
à danser, luitter, sauter, ou escrimer, fust a mõter à cheual,& le
manier, ou voltiger, ne voulãt qu'vn si beau naturel s'engour-
dist en paresse, il le depescha pour quelques affaires secrettes
en Flãdres & Zelande, auec charge expresse de passer iusques
en Escosse: ce qu'il fit, s'estant embarqué auec le sieur de Lassi-
gny, gentil-homme François, auquel voyage, pensant tirer en
Escosse, le vaisseau auquel il estoit fut tellement, durant trois
iours, pourmené par la tempeste, qu'il cuida sur la coste d'Angleterre estre brisé contre vn rocher, mal-heur qui fut seulement differé, pour sauuer principalement nostre futur Arion
d'vn tel naufrage: car le nauire qui auoit eschappé tant de dã-
gers, apres auoit laissé sa charge sur la rade d'Escosse, sans peril
fit naufrage au port, brisé & enfõdré auec tout le bagage, que
le plus grãd soin de sauuer la vie laissa à la mercy des flots. Retourné qu'il fut de ce voyage, ayãt attaint l'age de quinze à
seize ans il sortit hors de page, & l'an 1540. par son pere fut
mis en la cõpagnie de Lazare de Baïf, grand personnage, &
des plus doctes de ce temps là, lequel ayãt ja esté employé en
belles & grandes charges, alloit pour lors Ambassadeur pour
le Roy à Spire, ville imperiale d'Alemaigne, où l'on deuoit tenir vne diete. En ce voyage il commença à pratiquer auec iugement les meurs & façons estrangeres, à obseruer curieuse-
ment les choses plus remarquables, & faire son proffit de toutes. Il apprit en peu de temps la langue Alemande, ayant l'e-
sprit capable de toutes disciplines, qu'il façonna beaucoup en
la compaignie d'vn si sçauant personnage, que les plus doctes d'Alemaigne recherchoient, non tant pour le rang qu'il
tenoit, que pour sa doctrine singuliere. Apres ce voyage il en
fit vn autre en Piemont, auec ce grand capitaine de Langey,
pour faire seruice au Roy en la profession ou le flot des affai-

res du temps, & non l'inclination de sa nature le pouſſoit. S'e-
ſtant puis apres retiré à la Court, il luy auint vn mal-heur, s'il
faut appeler de ce nom, ce qui fut cauſe d'vn ſi grand bien.
C'eſt que pendant qu'il eſtoit en Alemaigne, il fut contraint
de boire des vins tels qu'on les trouue, la plus grand part ſouf-
frez & mixtionnez, qui fut cauſe auec les tourmétes de mer,
les incommoditez des chemins, & autres peines de la guerre,
qu'il auoit ſouffertes, que pluſieurs humeurs groſſieres luy mó-
terent au cerueau, tellement qu'elles luy cauſerent vne defflu-
xion, & puis vne fieure tierce dont il deuint ſourdault, maladie qui luy a continué iuſques à la mort. Ainſi en aduint à ce
diuin Homere, qui ſur la fin de ſes voyages, s'eſtát embarqué
auec le marinier, Mentes, pour apprendre les diuerſes façons
des peuples, & la nature des choſes, ayant abordé l'Iſle d'Ita-
que eut vn catherre ſur les yeux qui luy fit perdre la veüe eſtát
arriué a Colophone. Voila comment deux grans Poëtes, par
vn preſque ſemblable ſort ſe virent priuez de ſens fort neceſ-
ſaires: Homere, les eſcrits duquel tout le monde deuoit voir,
& lire ſi ſoigneuſement, de celuy de la veüe: Et Ronſard, dont
la douce cadence des vers deuoit eſtre recueillie des plus deli-
cates oreilles du monde, de celuy de l'ouye. I'appeleray toutefois ce malheur bien-heureux, qui fut cauſe que Ronſard,
qui pour s'auancer pres des grans, par le chemin des courti-
ſans, eut peut-eſtre perdu ſon temps inutilement, changea de
deſſein & reprit les eſtudes laiſſées, encor qu'il euſt ja aſſez bó-
ne part aux graces du Roy Henry, nouuellement venu à la
couronne, qui l'eſtimoit entre tous les gentils-hommes de ſa
Court, pour emporter le prix en tous les honeſtes exercices,
eſquels la nobleſſe de France eſtoit ordinairement addónée.
Ce que Dorat, ſon precepteur, & la ſource de tous noz Poëtes a teſmoigné en l'Ode, qu'il fit à Ronſard, quád il dit de luy.

*O flos virum &*
*Decus oliui, aut illius*
*Virilis quo obliuitur*
*Et artus terit*
*Amiclæa pubes,*

A iiij

*Aut illius quod hilares*
*Ferè Camœnæ obolent.*

Et en suiuant,

*Nam seu quis artem sinuosáque*
*Corporis volumina velit,*
*Quibus corpus aptè*
*Vel in equum, vel de equo*
*Volans micat in audacibus*
*Pugnis, stupebit dicatum grauibus vmbris*
*Musarum, agilibus quoque*
*Saltibus Martis expedisse membra.*

Outre que sa grace & sa beauté le rendoit agreable à tout
le monde, car il estoit d'vne stature fort belle, Auguste & Mar-
tiale, auoit les membres forts & proportionnez, le visage, noble, liberal & vrayment François, la barbe blondoyante, cheueux chastains, nez aquilin, les yeux pleins de douce grauité,
& le front fort serein. Mais sur tout sa conuersation estoit facile & attrayante. Ayāt esté nourri auec la ieunesse du Roy, &
presque de pareil age, il commēçoit a estre fort estimé pres de
luy. Et de fait le Roy ne faisoit partie ou Rōsard ne fust tousiours appelé, de son costé: Entre autres le Roy ayāt fait partie
pour ioüer au balon au pré aux clercs ou il prenoit souuent
plaisir, pour estre vn exercice des plus beaux pour fortifier &
degourdir la ieunesse, ne voulut qu'elle fust ioüée sans Rōsard:
Le Roy auec sa troupe estoit habillé de liurée blanche, & mō-
sieur de Laual, chef de l'autre parti, de rouge. Là, Ronsard qui
tenoit le parti du Roy, fit si biē que sa majesté disoit tout hault
qu'il auoit esté cause du gain du prix obtenu en la victoire.
Or, quelque faueur qui le peust chatouiller, & qui semblast le
semondre à vne belle fortune, demeurant en la Court, consi-
derant qu'il estoit malaisé auec le vice d'oreilles de s'y auancer, & y estre agreable, ou l'entretien & discours sont plus ne-
cessaires que la vertu, & ou il faut plustost estre muet que
sourd, il pensa de transferer l'office des oreilles aux yeux par la
lecture des bons liures, & se mettre à l'estude à bon escient,
comme au contraire Homere s'estoit serui des oreilles pour la
veüe

veüe. Et ce qui luy augmenta ce defir, fut vn gentil-homme
Efcoffois nommé le feigneur Paul, frere de madame Philippes, qui fut mere de madame de Chaftelleraut, lequel auoit
efté page auec Ronfard, & ne laiffoit de hanter l'efcurie du
Roy, qui eftoit lors vne efcole de tous honeftes & vertueux
exercices, comme auffi faifoit Ronfard, or que tous deux fuf-
fent fortis de page. Ce gentil-homme auoit fort bien eftudié
les Poëtes Latins, & mefmes, lors qu'il eftoit page, auoit auffi
fouuent vn Virgile en la main qu'vne baguette, interpretant
aucunefois à Ronfard quelques beaux traits de ce grãd Poëte, & Ronfard au contraire ayant toufiours en main quelque
Poëte François, qu'il lifoit auec iugement, & principalement,
comme luy mefmes m'a maintesfois raconté, vn Iean le Mai-
re de Belges, vn Romant de la rofe & les œuures de Coquil-
lart, & de Clement Marot, & lefquels il a depuis appelé, comme on lit que Virgile difoit d'Ennie, Les immondices, dont il
tiroit de belles limures d'or. Fuft donc par la lecture de ces
liures, fuft par la hantife de ce docte gentil-homme, qui luy
donna entierement le gouft de la Poëfie, & le premier ietta en
fon efprit la femence de tant de beaux fruicts, qu'il a enfanté
depuis à l'honneur de noftre Frãce. L'an mil cinq cens XLIII
il fit trouuer bon à fon pere ce defir de fe remettre aux lettres,
mais non en intention qu'il s'adonnaft à la Poëfie, luy defen-
dant expreffément de tenir aucun liure François, mais quoy,
vn tel efprit ne fe pouuoit forcer d'autres loix que des fiennes
propres, ioint que fon pere mourut bien toft apres, à fçauoir
le fixiefme iour de Iuin 1544, en la ville de Paris, feruant fon
quartier chez le Roy. Ronfard donc voulant recompenfer
le temps perdu, ayant le plus fouuent pour compagnon le
fieur de Carnaualet, fe defroboit de l'efcurie du Roy, ou il
eftoit logé aux Tournelles, pour paffer l'eau & venir trouuer
Iean Dorat, excellent perfonnage, & celuy que l'on peut dire la fource de la fontaine qui a abbreuué tous noz Poëtes
des eaux Pieriennes, & auquel ie doy auffi vne partie de mes
eftudes. Dorat demeuroit lors vers l'vniuerfité, chez le feigneur Lazare de Baïf, maiftre des Requeftes ordinaire de

B

l'hoſtel du Roy, & enſeignoit les lettres Grecques à Ian Antoine de Baïf, ſon fils, perſonnage auſſi des plus doctes &
des premiers compagnons de Ronſard, & maintenant le
dernier ſuruiuant à cette docte volée de bons eſprits, qui ſe
fit paroitre en ce temps-là. Depuis, Ronſard ayant ſçeu que
Dorat alloit demeurer au college de Cocqueret, dont on
l'auoit fait principal, ayant ſouz ſa charge le ieune Baïf, il
delibera de ne perdre vne ſi belle occaſion, & de ſe loger
auec luy, car ayant ja eſté comme charmé par Dorat du phyl-
tre des bonnes lettres, il vit bien que pour ſçauoir quelque
choſe, & principalement en la Poëſie, il ne faloit ſeulement
puiſer l'eau és riuieres des Latins, mais recourir aux fonteines des Grecs. Il ſe fit compagnon de Ian Antoine de Baïf,
& commença à bon eſcient par ſon emulation à eſtudier.
Vray eſt qu'il y auoit grande difference, car Baïf eſtoit beaucoup plus auancé en l'vne & l'autre langue, encor que Ronſard ſurpaſſaſt beaucoup Baïf d'age, l'vn ayant vint ans paſ-
ſez & l'autre n'en ayant que ſeize: Neantmoins la diligence
du maiſtre, l'infatigable trauail de Ronſard, & la confe-
rence amiable de Baïf, qui à toutes heures luy deſnoüoit les
plus faſcheux commencemens de la langue Grecque, comme Ronſard en contr'-eſchange diſcouroit des moyens
qu'il ſçauoit pour s'acheminer à la Poëſie Françoyſe, furent
cauſe qu'en peu de temps il s'apperçeut d'vn grand auance-
ment. Et n'eſt à omettre en cet endroit que Dorat par vn artifice nouueau luy apprenoit la langue Latine par la Grecque: nous ne pouuons auſſi oublier de quel deſir & enuie ces
deux futurs ornemens de la France s'adonnoient a l'eſtude,
Car Ronſard qui auoit demeuré en Court, accouſtumé à
veiller tard, eſtudioit iuſques à deux heures apres minuit,
& ſe couchant reſueilloit Baïf, qui ſe leuoit, & prenoit la
chandelle, & ne laiſſoit refroidir la place. En cette contention d'honneur il demeura cinq ans auec Dorat, continuant
touſiours l'eſtude des lettres Grecques & des autres bonnes
ſciences, pour leſquelles il fut auſſi auditeur d'Adrian Tur-
nebe, grand perſonnage certes, & tel que Ronſard à eſtimé

auoir efté par le Sonet qu'il fit en fa mort. Il s'adonna deflors
fouuent à faire quelques fonets & tels petits ouurages, premiers effais d'vn fi braue ouurier. Quand Dorat eut veu que
fon inftinct fe deceloit à ces petits echantillons, il luy predit
qu'il feroit quelque iour l'Homere de Fráce, & pour le nourrir
de viáde propre luy leut de plain vol le Promethée d'Æfchy-
le, pour le mettre en plus haut gouft d'vne Poëfie, qui n'auoit
encor paffé la mer de deçà, & en fa faueur traduifit cette Tra-
gedie en François, laquelle fi toft que Ronfard eut gouftée, &
quoy, dit il à Dorat, mon maiftre m'auez vous caché fi long
temps ces richeffes? Ce fut ce qui l'incita à tourner en Fráçois
le Plutus d'Ariftophane, & le faire reprefenter en public au
college de Cocqueret, qui fut la premiere Comedie Frácoife
ioüée en France. Baïf auffi cóme luy y prit appetit, & à l'exé-
ple de ces deux ieunes hómes plufieurs beaux efprits fe reueil-
lerét & vindrent boire en cette fonteine dorée, cóme M. Antoine de Muret, qui auoit ja grand auancemét en l'Eloquénce
Latine, Lancelot Carles, & quelques autres, qui tous enfem-
ble à l'enuy faifoiét tous les iours fortir des fruicts nouueaux,
& nó encore veus en noftre cótree. Mais Ronfard qui n'auoit
ny faute de cœur & d'ambitió pour l'hóneur, ny d'enthoufiaf-
me pour móftrer que la Poëfie eftoit née auec luy en France,
ofa paffer plus auant, & pria Dorat de luy ouurir le chemin
d'Homere, de Pindare, & de Lycophron: il ne vit pas fi toft le
paffage ouuert qu'il fe fift maiftre de la plaine. Voyant que
noftre langue eftoit poure , il tacha de l'enrichir de beaux
epithetes, inuenta mots nouueaux, renouuela les vieux, &
traça le chemin pour aller chercher dés trefors en plus d'vn
lieu, pour fuppleer à fa neceffité. Il effaya premierement à
fe fortifier fur la Lyre d'Horace, lequel tant s'en faut qu'en
le lifant & pratiquant en noftre langue il le desbauchaft d'o-
fer quelque chofe apres Pindare, que cela luy feruit d'eguil-
lon. Il ne fault, difoit-il, que la crainte fe logé en vn bon
cœur, qui luy fait place, fe rend indigne de ce qu'il pre-
tend. Il commença donc alors à pourpenfer de grans deffeins,
ayant fait prouifion de tout ce qui eftoit neceffaire pour met-

B ij

tre noſtre langue hors d'enfance, car d'vn coſté il auoit leu
les auteurs Grecs & Latins auec tel menage, qu'il ne ſe preſentoit gueres ſujet ou il ne fiſt venir quelque excellent traiἔt
des anciens. D'ailleurs il s'eſtoit eſtudié aux propres mots de
noſtre langue, ne dedaignât d'aller és boûtiques des artiſans,
& de toutes ſortes de meſtiers, pour y apprédre leurs termes,
& comme Homere faiſoit voyageant par le monde, eſtant en
tous ſes voyages ſi curieux, que de prendre garde aux moindres choſes pour en faire ſon profit, ſoit pour la conſideratió
des naturelles, ou de celles que l'artifice des hommes rendoit
dignes d'eſtre cognetües. Enuiron l'an mil cinq cens quarante
neuf, Ioachim du Bellay, eſprit noble, & bien nay, & qui auoit
quelques bons cómencemens en la Poëſie Fráçoiſe, eſtât retourné de Poiἔtiers, de l'eſtude des loix, auquel il auoit eſté
dedié, chāgea beaucoup ſon ſtil, qui ſentoit encor ie ne ſçay
quoy de rance, & du vieux tẽps, par la hantiſe de Ronſard, &
de Baif. C'eſtoit à qui mieux mieux feroit, tantoſt ſur le ſujet
d'amour, qui ſe monſtra lors le plus ordinaire en noſtre Fráce,
tantoſt ſur quelque occaſion que le temps preſentoit, comme
Ronſard, qui ne pouuoit plus ſe tenir en ſes bornes, fit premierement veoir le iour à vn epithalame ſur le mariage de monſieur de Védoſme, qui eſpouſa madame Ieáne d'Albret, Royne de Nauarre: Puis fit l'entree du Roy, qui fut ſuiuie de l'Hymne de la paix. Baïf auſſi en meſme tẽps mit en lumiere le Poëme de la paix & le rauiſſemẽt d'Europe. Puis Ronſard s'eſtant
reſſouuenu d'vne belle fille qui auoit nom Caſſandre, qu'il eut
ſeulement moyen de voir, d'aimer, & de laiſſer à meſme inſtant en vn voyage qu'il fit à Bloys, à ſon retour d'Eſcoſſe: Il ſe
delibera de la chanter, comme Petrarque auoit faiἔt la Laure, amoureux ſeulement de ce beau nom, comme luy meſmes
ma dit maintefois, ce qu'il ſemble quaſi vouloir donner à cognoiſtre en vn ſonet qui commence,

*Soit ce nom vray ou faux.*

Ainſi que le bruiἔt couroit des amours de Caſſandre & de
quatre liures d'Odes, que ja Ronſard promettoit à la façon
d'Horace & à celle de Pindare, comme ordinairement les
bons

bons efprits font ialoux les vns des autres. Du Bellay, qui a-
uoit fur le mefme fujet d'amour chanté fon Oliue, fit le fin, &
fans mot dire penfant preuenir la renommée de Ronfard, fit
imprimer fon recueil de Poëfie: ce qui engendra en Ronfard,
finon vne enuie, à tout le moins vn mefcontentement contre du Bellay, qui ne dura long temps, car comme les efprits
ambitieux de gloire facilement fe courroucent, auffi promptement fe reüniffent ils, les Mufes ne pouuät eftre feules, ains
viuans toufiours en compaignie: encor que du Bellay de fon
cofté euft opinion d'auoir efté picqué par luy, quand allant
voir Ronfard & Baïf il trouua fur leur table vn de fes liures
que Baïf auoit apoftillé en la marge, remarquant quelques
vers & hemiftiches, comme pris de Ronfard, péfant que ç'euft
efté luy qui euft faict telles annotations. Mais apres qu'il eut
faict imprimer fes amours, & les quatre liures des Odes, à cefte
naiffante gloire de Ronfard, f'oppofa vn gros efeadron de petits rimeurs de court, qui pour faire vne Balade, vn chât royal,
ou vn Rondeau auec le refrain mal a propos, penfoient auoir
feuls merité tous les lauriers d'Apollon: le chef de cefte bande, pource qu'il fçauoit quelque chofe plus que les autres, &
auoit acquis beaucoup de credit enuers les grans, & principalement aupres du Roy, ofa bien fe decouurir, & plus toft meu
du cry de ces grenouilles courtifanes que de iugement, pen-
foit troubler leauë Pegafine à cet Apollon nouueau, quand
de mauuais cœur en plaine affemblée il blama au Roy les œuures de Ronfard. Mais quoy, vn grät Poëte comme ceftuy-cy
ne deuoit pas auoir moins de Zoïles qu'Homere & Virgile,
puis qu'il deuoit fucceder a pareille loüange: il a touché luy-
mefmes cefte querelle en l'hymne triomphal qu'il fit apres la
mort de madame Marguerite, Royne de Nauarre, imprimé a-
uec fes autres Epitaphes, faicts par les trois fœurs Angloifes,
ou fe lifoit autrefois fur la fin.

*Ecarte loin de mon chef*
*Tout malheur & tout mefchef,*
*Preferue moy d'infamie*
*De toute langue ennemie,*

B iij

*Et de tout acte malin,*
*Et fay que deuant mon Prince*
*Deformais plus ne me pince*
*La tenaille de Melin.*

Mais en faueur de S. Gelais, qui rechercha depuis son amitié, il changea ces vers. Ceux qui n'auoient occasion de le reprendre, s'il n'accusoient leur ignorance, auoient recours aux
moqueries, faisans courir contre luy leurs rôdeaux & dizains
auec quelque froide poincte au dernier vers & n'y eust il rien
de bon à tout le reste, mais ces iniures n'estoient dignes du
courroux d'vn tel Lyon. Les autres, qui sembloient proceder
auec plus de iugement, disoient que ses escrits estoient pleins
de vâterie, d'obscurité, & de nouueauté, & le renuoioient biê
loing auec ses Odes Pindariques, tournans le tout en risee,
dont est venu mesmes le prouerbe, quand quelqu'vn s'escoute
parler & veut farder & mignarder son langage, ou faire quelque chose de nouueau, de dire, Il veut Pindariser. Toutes les-
quelles mesdisances il n'a point voulu celer luy mesmes en ses
escrits, comme on peut voir au Sonet à Pontus de Tyard,
qui commence,

*Tyard, on me blasmoit à mon commencement,*
*Dequoy i'estois obscur,*

Et en vn autre endroit au cinquiesme liure des Odes, en la
deuxiesme a madame Marguerite, Duchesse de Sauoye,
quand il dit,

*Mais que feray-ie a ce vulgaire*
*A qui iamais ie n'ay sceu plaire,*
*N'y ne plais, n'y plaire ne veux?*

Et puis,

*L'vn crie que trop ie me vante,*
*L'autre que le vers que ie chante*
*N'est point bien ioinct ne maçonné.*

Occasion pour laquelle, voyant que l'obscurité dont on le
blasmoit venoit de l'ignorance de ceux qui lisoient ses œuures, delibera d'escrire en stile plus facile les Amours de Marie, qui estoit vne fille d'Anjou, & laquelle il entend souuent

fouz le nom du Pin de Bourgueil, qu'il a vrayment aimée: Et
afin d'ofter toute obfcurité, M. Antoine de Muret, & Remy
Belleau drefferent des annotations fur la premiere & feconde
partie de fes Amours. Le mefme Muret (outre ce que Ronfard
en plufieurs endroicts defend luy mefme fa caufe) en l'epiftre
qu'il refcrit à monfieur Fumee, auant fon commentaire fur les
Amours, refpond à toutes ces calomnies, lefquelles en fin ref-
femblerent aux bouteilles que font les petits enfans, auec le
fauon, qui fe creuët auffi toft qu'elles font faictes, & ne laiffent
aucune marque d'auoir efté, n'eftant autre chofe que vent: ou
comme des nuës qui engendrées du broüillas d'vne nuict,
feuanoüirêt aux rayons de ce foleil, par le moyen du foutien
qu'eut fa vertu des plus grands efprits de la France, & principalement de madicte dame Marguerite, qui fut depuis Du-
cheffe de Sauoye, laquelle, eftant fçauante, fit changer d'opinion au Roy, qui au contraire goufta tellement la beauté des
œuures de Ronfard, qu'il eftima à grand honneur d'auoir vn
fi bel efprit en fon Royaume, & de là en auant le gratiffia &
d'honneurs, & de biens affez amplement, & de penfion ordinaire. Luy mefme en l'Ode deuxiefme du cinquiefme liure
tefmoigne affez quel bon office luy fit madicte dame Marguerite, efcriuant qu'elle eftoit

> *Seule en France*
> *Et la colonne & l'efperance*
> *Des Mufes, la race des Dieux.*

Et plus bas,

> *N'eft-ce point toy docte Princeffe*
> *Ainçois ma mortelle Deeffe*
> *Qui me donnas cœur de chanter?*

Meffire Michel de l'Hofpital, lors Chancelier de ladicte dame de Sauoye, & depuis de France, entreprit la defenfe de
Ronfard, & de faict compofa vne trefdocte elegie en fon
nom, ou il refpond à toutes les calomnies, laquelle n'eft encores imprimée, & qui fera mife au front de fes œuures,
commençant,

> *Magnificis aulæ cultoribus atque Poëtis.*

Et vne autre que Ronſard meſme a inſerée en ſes Hymnes.
En recompenſe dequoy Ronſard luy enuoya ceſte belle Ode,
où confirmant ce que ie viens de dire, il faict dire par Iupiter
aux Muſes.

> *Suyuez donc ce guide icy*
> *De qui la docte aſſeurance*
> *Franche de peur vous fera,*
> *Et celuy qui deſera*
> *Les ſoldats de l'ignorance.*

Cette brigade de muguets ignorans ne fut pas pluſtoſt des-
faicte par l'Egide de ceſte Pallas de France, & par les vers
& defenſe de ce grand Chancelier, que toute la France commença à embraſſer vn Ronſard, meſmes ſes ennemis : entre
autres Melin de S. Gelais, qui chanta vne Palinodie, & requit
Ronſard d'amitié, laquelle Ronſard, côme il eſtoit d'vn cœur
fort noble & benin, ne refuſa, ains au contraire la confirma
par le ſceau perdurable de ſes vers, en l'Ode xxv, du quatrieſ-
me liure qui commence, ⟨xxx⟩

> *Touſiours ne tempeſte enragée*
> *Contre ſes bors la mer Egée.*

Sa gloire ſ'eſtant augmentée par les meſdiſances de ſes hai-
neurs, & le cœur luy ayant enflé, il proietta en l'honneur du
Roy Henry & de ſes predeceſſeurs Roys, d'eſcrire la Franciade à l'imitation d'Homere & de Virgile, & la promit deſ-
lors, mais il n'en fit rien voir durant ſon regne : bien fit il ſortir
ſes Hymnes plains de doctrine & de Maieſté Poëtique, ou il
monſtra comme il auoit l'eſprit & le ſtyle ploiable à toutes
ſortes d'argumens : Ce fut ce qui le fit eſtimer encor d'auantag-
ge des grans, & principalement du Cardinal de Chaſtillon,
qui fauoriſoit fort les hommes de lettres, & du Cardinal de
Lorraine qui l'aima fort, & l'honora ſelon le merite de ſa vertu : il n'y auoit grand ſeigneur en France qui ne tint à grande
gloire d'eſtre en ſon amitié, dont ſes œuures ſont aſſez de foy.
Ce fut auſſi ce qui incita le ſieur de Clany, à qui le Roy Henry
auoit commis la conduite de l'architecture de ſes chaſteaux,
de faire engrauer en demiboſſe ſur le hault du Louure vne

Deeſſe

Deeffe en forme de Renommee, qui embouche vne trompette, & comme vn iour le Roy eftant à table luy deman-
doit ce qu'il vouloit fignifier, il luy refpondit qu'il entendoit Ronfard par la figure, & par la trompette la force de fes
vers qui pouffoit fon nom, & celuy de la France par tout le
monde.

En mefme temps il reçeut de Tolouze vne gratification,
non feulement liberale, mais qui temoignoit le bon efprit &
iugement de ceux qui l'offroient, & le merite de celuy qui le
receuoit: chacun fcait le pris propofé à Thoulouze aux jeus
floraux qui furent inftituez par cefte noble dame Clemence
Ifore à celuy qui feroit trouué auoir mieux faict des vers, lequel eft gratifié de l'Eglantine, mais combien que ce prix ne
fe donnaft qu'à ceux qui fe prefentoient, & qui auoient faict
experience d'vn gentil efprit en la Poëfie fur le champ, toutefois de la franche & pure liberalité du Parlement & peuple
de Tholouze, entre lefquels monfieur de Pibrac tenoit lors
vn des premiers rangs, & par decret public, pour honorer la
Mufe immortelle de Ronfard, qu'ils appelerent par excellence, le Poëte François, eftimant l'Eglantine trop petite pour vn
fi grand Poëte, luy enuoyerent vne Minerue d'argent maffif
de grand pris & valeur, laquelle Ronfard ayant receuë, pre-
fenta au Roy, qui l'eut fort agreable, l'eftimant d'auantage
qu'elle ne valoit, pour auoir feruy de marque à la valeur infi-
nie d'vn tel perfonnage: loüant auffi le faict des Tholoufains
qui fort prudemment prefentoient la Minerue à celuy qui
eftoit le plus doüé de fes prefens: Ronfard leur enuoya en recompenfe l'Hymne de l'Hercule Chreftien.

Apres la mort du Roy Henry, le Roy François deuxiefme
fon fils, luy ayant fuccedé, les troubles commencerent à fef-
leuer en France, fouz pretexte de Religion, qui donna occa-
fion à Ronfard de f'oppofer à cefte nouuelle opinion, & armer
les Mufes au fecours de la France, faifant voir le iour à fes re-
monftrances qui eurent tant d'efficace pour combatre les ennemis de l'Eglife Catholique, que le Roy & la Royne mere
l'en gratifierent, comme aufsi fit le Pape Pie cinquiefme, qui

C

l'en remercia par lettres expresses. Au reste les Muses, qui à
cause des diuisions entre les grans, sembloiét auoir esté muettes commencerent à se reueiller souz Charles neufiesme, bon
& vertueux Prince, pere des bons esprits, & des ars & scien-
ces, lequel print Ronsard en telle amitié, admirant l'excellence de son diuin esprit, qu'il luy commanda de le suiure, & de
ne le point abandôner, luy faisant marquer logis & accom-
moder par tout ou il alloit, mesmement au voyage de Bayon-
ne, ou il le voulut auoir tousiours aupres de soy : de ceste faueur il reprit courage, & plus que iamais s'echaufa à la Poësie,
& mit en effect les proiects de la Franciade, dont il auoit dressé le dessein par argumens de quatorze liures que iay veus, il
luy en presenta quatre seulement, qu'il eut moyen d'acheuer
pendant que la faueur & l'enthosiasme durerent auec la vie
d'vn si genereux Roy. Il luy presenta aussi, d'autant qu'il se
plaisoit à la chasse & aux plaisirs rusticques, ses eclogues, ou il
monstra la fecondité de son esprit, luy estant aussi facile d'a-
baisser son stile, comme il luy estoit aisé & quasi propre & naturel de le hausser.

Le Roy Charles, outre sa pension ordinaire, luy fit quelques dons liberalement, vray est qu'ils n'estoient excessifs, car
il auoit si grand craincte de perdre son Ronsard, & que le trop
de biens ne le rendist paresseux au mestier de la Muse, qu'il disoit ordinairement qu'vn bon Poëte ne se deuoit non plus en-
gresser que le bon cheual, & qu'il le falloit seulement entrete-
nir & non assouuir. Il fut si familier auec le Roy Charles, que
le plus souuent il le faisoit venir pour deuiser & discourir auec
luy, l'incitoit à faire des vers, & à le venir trouuer par vers
qu'il composoit, lesquels se voyent encores imprimez parmy
les œuures de Ronsard, & trouuoit tellement bon ce qui venoit de sa part, que mesmes il luy permit d'escrire en Satyres,
indifferemment contre telles personnes qu'il sçauroit que le
vice deuoit accuser, s'offrant mesmes à n'en estre exempt, s'il
voyoit qu'il y eust chose à reprendre en luy.

Il luy donna l'Abbaye de Bellozane, & quelques prieurez,
& enuiron ce temps deuint fort malade d'vne fieure quarte,
                                                      dont

dont il pensa mourir, & qui neantmoins esbranla fort sa santé, le rendãt depuis plus malade que sain, & fut ceste annee remarquable, en ce que tous les Lauriers, pallissades, & tendres arbrisseaux, & la plus grand part des arbres moururent, ce fut ce qui donna occasion à monsieur dePimpont sur l'vn & l'autre sujet de faire ces doctes vers,

*Parce metu, Ronsarde, Iouis te regia non du*
*Inuidit nobis, nec cæli iniuria totum*
*In Lauri grassata genus, populata decúsque*
*Arboreum, nuper clades te poscit olympo,*
*Augurium nec me vanæ docuere Camœnæ,*
*Sed lætum faustis retulerunt sortibus omen,*
*Ista luit portenta suo vel funere Selua*
*Castra sequens, vel tu febri defunctus inerte*
*Monstra procurasti. At magnis vertentibus annis*
*Centum, signa dabit duri prænuntia luctus,*
*Atque tui in cœlum reditus pater Augur Apollo,*
*Nempe tuo assurgens sese Lyra contrahet astro,*
*Delitiásque lues inuadet Apollinis omnes,*
*Nec soli exitium Lauro tunc afferet ætas*
*Sed tota lachrymans cum gente Hyacinthus abibit*
*In nihilum, funesta sibíque à stirpe Cupressus*
*Desinet ablata humanis superare sepulchris:*
*Nec post se alterna poterunt reparare salute,*
*Materiémue vnquam redigent formámque capessent.*
*Fracta exul Cythara incompti Pastoris auena*
*Mulcebit pecus, Admetum Phœbúsque requiret:*
*Insultans terraque nouo cœlum incremento*
*Gestiet, illa situ in squallorem decolor ibit.*

Il ne fut pas moins estimé du Roy qui est à present, duquel les tant heureuses victoires auoient seruy de sujet à sa Muse, que du feu Roy Charles, car le Roy, comme il a le iugement tresgrand & admirable, estimant toutes choses à leur iuste valeur, le reçeut, loüit, l'ayma & le gratifia tousiours volontiers. Mais

C ij

d'autant que depuis douze ans les gouttes fort douloureuſes
l'auoient aſſailly, tellement qu'a grand peine pouuoit il faire
la court, ſinon à ſon lict: Voila pourquoy ceſte honneſte pri-
uauté qui ſe doit acquerir & continuer par vne hantiſe ordinaire ne fut telle que ſouz le Roy Charles, encores que ſon
merite le recommandaſt aſſez, & le rendiſt touſiours preſent
en la memoire de noſtre bon & ſage Roy. Il print telle amitié
auec monſieur Galland, principal du college de Boncourt,
perſonnage de bon eſprit, & digne d'vne telle rencontre, que
depuis dix ans, venant à Paris à diuerſes fois, il l'a touſiours
choiſy pour ſon hoſte. Le dernier voyage qu'il y fit, fut au
mois de Feurier mil cinq cens quatre vingt-cinq, & y demeura iuſques au treizieſme du mois de Iuin enſuiuant: durant
lequel temps il ne bougea preſque du lict, tourmenté de ſes
gouttes ordinaires, il paſſoit neantmoins le temps à faire
quelques fois des vers, & entre autres fit l'Hymne de Mercure, qu'il me donna, ou il d'eſcrit ſon mal quand il commence ainſi,

*Encor il me reſtoit entre tant de malheurs*
*Que la vieilleſſe apporte, entre tant de douleurs*
*Dont la goutte m'aſſaut, pieds, iambes, & ioincture,*
*De chanter ia vieillard les meſtiers de Mercure.*

Il fit faire vn coche pour ſ'en retourner en la cõpagnie dudict
Galland, ſans lequel il ne pouuoit viure, l'appelant ordinairement ſa ſeconde ame, comme il declare aſſez en ce fragment
qu'il n'a peu acheuer, preuenu de mort.

*Galland ma ſeconde ame, Atrebatique race,*
*Encor que noz ayeux aint emmuré la place*
*De noz villes bien loing, la tienne pres d'Arras,*
*La mienne pres Vandoſme, ou le Loir de ſes bras*
*Arrouſe doucement noz collines vineuſes,*
*Et noz champs fromentiers de vagues limoneuſes,*
*Et la Liſe les tiens, qui baignant ton Artois*
*S'enfuit au ſein du Rhin, la borne des Gaulois.*
*Pour eſtre ſeparé de villes & d'eſpaces,*

*Cela n'empesche point que les trois belles graces,*
*L'honneur, & la vertu, n'ourdissent le lien*
*Qui serre de si pres mon cœur auec le tien.*
*Heureux qui peut trouuer pour passer l'auanture*
*De ce monde, vn amy de gentille nature*
*Comme tu es, Galland, en qui les cieux ont mis*
*Tout le parfaict requis aux plus parfaicts amis.*
*Ia mon soir s'enbrunit, & desia ma iournée*
*Fuit vers son Occident à demy retournée,*
*La parque ne me veult ny me peut secourir:*
*Encore ta carriere est bien longue a courir,*
*Ta vie est en sa course, & d'vne forte haleine,*
*Et d'vn pied vigoureux tu fais iallir l'areine*
*Souz tes pas, aussi fort que quelque bon guerrier*
*Le sablon Aelean, pour le pris du laurier.*

Il se fit mener à Croix-val, qui estoit sa demeure ordinaire, pour estre vn lieu fort plaisant, & voisin de la forest de Gastine, & de la fonteine Bellerie, par luy tant celebrez, & pour estre le pays de sa naissance: Mais comme il aimoit à changer, au mois de Iuillet il se feit porter à son prieuré de S. Cosme, y demeurant huict ou dix iours pour retourner à Croix-val, où il sejourna assez long temps. Le XXII, du mois d'Octobre il escriuit audit Galland, & le sujet de ses lettres estoit, qu'il estoit deuenu fort foible & fort maigre depuis quinze iours, qu'il craignoit que les feüilles d'Autonne ne le veissent tomber auec elles, que la volonté de Dieu fust faicte, & qu'aussi bien parmy tant de douleurs nerueuses, ne se pouuant soustenir, il n'estoit plus que *Iners terræ pondus* ( ce sont ses mots ) le priant au reste de l'aller trouuer, estimant sa presence luy estre vn remede.

Quelques iours apres, comme la douleur luy augmentoit, & que ses forces diminuoient, ne pouuant dormir pour l'indigestion & grandes douleurs qu'il sentoit, il enuoya querir auec vn notaire le Curé de Ternay, auquel il deposa le secret de sa volonté, ouit la messe en grande deuotion, & s'estant

faict habiller premierement, receut la saincte communion, ne
voulant tant à son aise receuoir celuy qui auoit tant enduré
pour nous, regrettant la vie passée, & en preuoyant vne meil-
leure. Ce fait, il se fit deuestir & remettre au lict, disant, me
voila au lict attendant la mort, passage commun d'vne meil-
leure vie, quand il plaira à Dieu m'appeler, ie suis tout prest de
partir. Il renuoya le notaire, luy disant qu'il ny auoit encor
rien de pressé, & qu'il se portoit mieux apres auoir mis toute sa fiance en Dieu. Le sieur Galland arriua le trentiesme
d'Octobre à Montoire, en vn de ses benefices nommé sainct
Gilles, distant de lieüe & demie de Croix-val, ou il s'estoit
retiré pour la crainte de ceux de la nouuelle opinion, qui
rompus du siege d'Angers, espars venoient fondre en ce
pays. Il y seiourna six iours, y ayant solennisé la feste de
Toussains. De là retourna à Croix-val le lendemain, ac-
compagné dudit Galland, auquel il fit escrire vn Epigramme en forme d'inscription, parlant à son ame en cette sorte.

> *Amelette Ronsardelette,*
> *Mignonnelette doucelette,*
> *Tres-chere hostesse de mon corps,*
> *Tu descens la bas foiblelette,*
> *Pasle, maigrelette, seulette,*
> *Dans le froid royaume des mors:*
> *Toutesfois simple, sans remors*
> *De meurtre, poison, & rancune,*
> *Mesprisant faueurs & tresors*
> *Tant enuiez, par la commune,*
> *Passant, i'ay dit, suy ta fortune,*
> *Ne trouble mon repos, ie dors.*

Luy disant, ie me suis souuenu d'vn ancié Epigramme Latin,
lequel pour passer temps ie desirois rendre plus chrestienne-
ment qu'il n'est, mais depuis il quitta tous passe-temps & ne
medita plus que choses dignes d'vne fin Chrestienne, car ne
pouuant dormir, il se plaignoit incessamment, & pour tromper son mal, preuoyant neantmoins sa mort prochaine,
medita

medita l'Epitaphe en six vers pour grauer sur son tombeau,
qui est tel,

*Ronsard repose icy, qui hardy des enfance*
*Détourna d'Helicon les Muses en la France,*
*Suiuant le son du luth, & les traits d'Apollon,*
*Mais peu valut sa Muse encontre l'éguillon*
*De la mort, qui cruelle en ce tombeau l'enferre,*
*Son ame soit à Dieu, son corps soit à la terre.*

Et semble que bien à propos il a fait luy-mesme son tombeau,
se defiant de se pouuoir rencontrer autre personne qui luy
peust bastir assez dignement: ce qui m'a faict escrire de luy les
vers qui suiuent,

*Non, Ronsard n'est point mort, la Muse est immortelle,*
*Ou si Ronsard est mort, c'est vn Phœnix nouueau,*
*Qui n'ayant son pareil soy-mesme renouuelle,*
*Et suruit à sa cendre, animant son tombeau.*

Or qu'il ait satisfait à luy-mesme en ce que les autres atten-
dent d'autruy, & que pour luy grauer vn digne tombeau il ne
falust vser que de ses propres vers, & prendre ce qu'il a dit de
luy-mesme au premier discours à Geneure, quand il escrit,

*Ie suis Ronsard, & cela te suffise.*

Toutefois plusieurs sçauans personnages de nostre temps, que
i'ay prié de ce deuoir, luy ont graué maint tombeau, non pour
illustrer d'auantage sa gloire, mais pour n'obscurcir la nostre,
si nous faisions autrement: De ma part aussi ie ne me suis peu
contenir que ie ne luy aye fait cette petite inscription,

*Le fertil Vandomois naissance me donna,*
*La Court de noz grans Roys à mes vers s'estonna,*
*La Touraine mes os dessus ses fleurs assemble:*
*I'ay ioint Pallas, Cypris, & les Muses ensemble.*

Les nuicts ensuiuantes esquelles il ne pouuoit dormir, quelques remedes qu'il eust eprouué, ayant vsé de pauot en diuerses façons, tantost de la fueille crüe, puis cuite, tantost de la
graine, & de l'huyle que l'on en tire, il continua à faire quelques stances, & iusques à quatre sonets, lesquels au matin il re-
citoit au sieur Galland, pour les escrire, ayant la memoire &

là viuacité de l'esprit si entieres qu'elles ne sembloient se sen-
tir de la foiblesse du corps. Le long du iour tous ses discours
estoient pleins de belles & graues considerations, mesmes sur
les affaires d'estat & du monde. Comme il languissoit ainsi se-
iournant encor quinze iours à Croix-val il luy prit enuie de
se faire transporter à Tours en son prieuré de S. Cosme, tant
pour recouurer plus facilement toutes ses commoditez, &
subuenir à sa maladie, que pour satisfaire à l'opiniõ qu'il auoit
que le changement d'air luy apporteroit quelque secours. Il
n'eut pas esté huict iours en ce lieu que ses forces se diminuât
à veüe d'œil, & se voyant & sentât mourir, il fit venir l'aumos-
nier de S. Cosme, l'vn de ses religieux, agé de LXXV ans, lequel
apres plusieurs propos, luy ayant demandé de qu'elle resolution il vouloit mourir, fort promptement & aigrement il luy
respondit, n'ay-ie point assez fait cognoistre ceans ma volonté, & le but de ma religiõ pour iuger de ma vie, comme il faut
que ie meure: L'aumonier luy dit lors, qu'il ne l'entendoit en
cette sorte, mais que ce qu'il luy auoit dit, estoit pour sçauoir
s'il vouloit ordonner quelque chose par forme de derniere
volonté, & pour tirer de luy mesmes cette resolution de bien
mourir qui a grand efficace, quand elle nait en nous mesmes
sans l'attendre d'autruy. Ronsard alors print la parole & luy
dit, ie desire donc que vous & voz confreres soyez tesmoins
de mes dernieres actions: Lesquels estant venus, il commença
à discourir de sa vie, monstrant auec grande repentance qu'il
renonçoit à toutes les blandices de ce mõde, s'esioüissant que
par ses douleurs Dieu l'eust comme reueillé pour n'oublier celuy qu'en prosperité nous oublions ordinairement: le remer-
ciant de bon cœur de ce qu'il luy auoit donné temps de se re-
cognoistre, demandant pardon à chacun, disant à toute heure, ie n'ay aucune haine contre personne, ainsi me puisse chacun pardonner. Puis s'addressa à ses religieux, les enhortant
de bien viure, & de vaquer soigneusement à leur deuoir: Que
la mort la plus douce estoit celle à qui la propre conscience
n'apportoit aucun preiugé de crimes & meschancetez: ce fait
il pria que l'vn des religieux celebrast deuant luy, & apres il se

fit

fit adminiſtrer les Sacremens, attendant auec vne grande cô-
ſtance & reſolution, à laquelle il s'eſtoit de long-temps prepa-
ré, que Dieu diſpoſaſt de luy. Le lendemain il côpoſa les deux
derniers ſonets, qu'il fit eſcrire par vn de ſes religieux, entrete-
nant ſon ame, & l'incitant d'aller trouuer Ieſus-Chriſt, & de
marcher par le chemin qu'il auoit frayé, finiſſant ſes vers & ſa
vie heureuſement par ces beaux mots de Ieſus-Chriſt, & d'E-
ſprit, lequel il rendit à Dieu apres auoir eſté viſité des plus
honeſtes familles de Tours, deſnué de toutes ſes forces naturelles, mais plein de foy & de ferme reſolution, ſur les deux
heures de nuiʤ, le Vendredy vint-ſeptieme du mois de Decembre, mil cinq cens quatre-vints & cinq: Et fut enterré en
l'Egliſe dudit S. Coſme, qui m'a donné occaſion de luy dreſſer
encor ce petit monument en la langue, de la deſpoüille de laquelle il a tant enrichi & fait triompher la noſtre.

Κόσμος ἄκοσμος ἔευ ὅτε κόσμιος ὁ Ῥώνσαρδος
Κόσμον ἐκόσμησεν κόσμῳ ἑῶν ἐπέων,
Νῦν δὲ θανόντος ἔχει τύμϐος Κοσμᾶ ἐνὶ νάῳ
Ὀσέα, τῆς φήμης μνῆμα δὲ κόσμος ὅλος.

Preſque en vn meſme têps ſont auſſi decedez aucuns des plus
excellens hômes de noſtre Europe, à ſçauoir le Cardinal Sir-
let, Paul de Foix, Guy du Faur, ſieur de Pybrac, Charles Sigô,
M. Antoine de Muret, & Pierre Viʤor, & qui ſemblent, ialoux
de noſtre ſiecle, ou pluſtoſt effrayez de noz malheurs, auoir
voulu s'eclypſer de nous pour nous laiſſer en tenebres. L'on à
remarqué ſouuêt des preſages auoir deuancé la mort des grâs
& illuſtres perſonnages, comme il eſt aduenu en celle de Rôſard, car vn an auparauant ſon decez ne ſçay quel Poëtaſtre,
plus mal preſageux que les corbeaux & hiboux, fit imprimer
vn liuret qu'il intituloit, les Epitaphes, mort & dernieres paroles de Pierre de Rôſard. Cela fut veu & ſceu de tout le mô-
de, qui creut quelque temps que Ronſard eſtoit mort, nô ſans
grand regret, encor que cette nouuelle fut decouuerte auſſi
toſt eſtre faulſe, auſſi bien que les vers que ce corbeau vouloit
attribuer à ce Cygne. Quand on raconta cette nouuelle à
Ronſard, il ne s'en fit que rire s'eſbahiſſant toutefois comme

D

noſtre ſiecle pouuoit porter des eſpris ſi miſerables:& me ſouuient qu'il me dit vn iour à ce propos, au dernier voyage par
luy fait à Paris, qu'il ne ſe faloit esbahir ſi ces eſprits naiz en
deſpit de Minerue le faiſoient mourir quand ils vouloient,
veu que par leurs contagieux eſcris ils faiſoient mourir la pu-
reté de noſtre langue, & de la Poëſie. Cette mort feinte fut
neātmoins eſtimée de mauuais augure, & voicy vn Epigrame
que Ian Dorat fit quand il ſceut la verité.

*Iam ſemel atque iterum tua mors, Ronſarde, per vrbem*
*Sed falso vulgata, vel omnem terruit orbem,*
*Sole bis extincto toti qui luxerat orbi:*
*Et tanti mors ipſa foret ſi vera fuiſſet,*
*Vt tua tot lachrymis ſe ſenſerit vmbra requiri.*
*Nunc magis atque magis te mortis gloria Saluo*
*Lætitia cumulet, tua funera falſa, ſuperſtes*
*Qui legis ipſe tuum luctum, titulúmque perennem,*
*Qualis ab Aurato tumulo ſculpetur inani.*
*Vnus tu Ronſardus eras, Græcis quod Homerus,*
*Virgilius Latiis, Francis quod tota Poëſis.*

La nouuelle de ſa mort trop vraye apportée par le ſieur Galland ſon ſingulier amy, fut d'autant plus regrettée, que nous
auions ia par la faulſe nouuelle premiere gouſté & apprehen-
dé la perte que nous faiſons perdant vn Ronſard, l'honneur
de France, nous eſtans comme preparez par ce faux bruit à le
regretter à l'égal de la perte vrayment depuis aduenue. Auſſi
ledit Galland, n'ayant enſeueli l'amitié qu'il luy portoit ſouz
vn meſme tombeau, faiſant ce que la France deuoit faire, fit
dreſſer vn magnifique appareil en la chapelle de Boncourt,
qui fut tendue de tous coſtez de noir, auec les armes de la
maiſon de Ronſard, où furent celebrées les funerailles fort
ſolennellement, le Lundi vingt-quatrieme de Feurier, 1586.
Le ſeruice mis en Muſique nombrée, fut chanté par l'eſlite de
tous les enfans des Muſes, s'y eſtants trouuez ceux de la Muſique du Roy, qui y adjouterēt ſon cōmandement & qui regre-
tairēt à bon eſcient le treſpas d'vn ſi grād perſonage, ornemēt
de ſon royaume. Ie n'aurois iamais fait ſi ie voulois deſcrire

pár le menu les Oraiſons funebres, Eloges, & vers qui furent
ce iour ſacrez à ſa memoire, & combien de grans ſeigneurs
auec monſeigneur le Duc de Ioyeuſe, & monſeigneur le Cardinal ſon frere, auſquels Ronſard auoit cet honneur d'appar-
tenir, honorerent cette pompe funebre accompagnez de la
fleur des meilleurs eſpris de la France: apres diſner le ſieur du
Perron prononça l'Oraiſon funebre, auec ſi grande affluence
de peuple, que pluſieurs Princes & grans ſeigneurs furent cō-
traints de s'en aller, pour n'auoir peu entrer. Le deſordre &
confuſion du peuple qui s'entrepreſſoit pour entendre, augmenta pluſtoſt l'hōneur de ſon eloquence, & teſmoigna cō-
bien la gloire de Ronſard & ſa perte eſtoit grande, ou il ſem-
bloit que le public & chacū en particulier euſt intereſt y abor-
dant de tous coſtez. A l'iſſue de l'oraiſon funebre fut repreſen-
tée vne Eclogue par moy faite pour fermer cet acte funebre.
Voila la fin de celuy qui auoit donné commencement & ac-
croiſſement à l'honneur de la langue & Poëſie Françoiſe, &
qui poſſible l'a enſeuely auec ſoy ſous meſme ſepulture.

Il fut en toute ſa vie autant curieux, & s'il faut ainſi dire,
ambitieux du vray honneur que la vertu nous apporte, comme épargnant de celuy d'autruy, n'ayant iamais offenſé perſonne s'il n'eſtoit prouoqué au parauant: Vray eſt qu'il s'eſt
quelquefois courroucé contre ceux qui broüilloiét le papier,
& qui ne faiſoient à ſon gré, comme on peut voir au 2 liure
des Poëmes, en celuy eſcrit a Chriſtophle de Choiſeul. Sur
ſes derniers iours me faiſant cet honneur de me cōmuniquer
familierement tant les deſſeins de ſes ouurages, que les iuge-
mens qu'il donnoit des eſcriuains du iourd'huy, il ſe plaignoit
fort de certain ſtile dur & ferré qu'il voyoit s'authoriſer parmy
nous. O, diſoit-il, que nous ſommes bien toſt à noſtre barba-
rie, que ie plains noſtre langue de voir ſi toſt ſon Occident:
puis me parlant de tels auteurs qui s'ampoullent & font ſans
chois Mercure de tout bois, ils ont, me diſoit-il, l'eſprit plus
turbulent que raſſis, plus violent qu'aigu, lequel imite les
torrens d'hyuer, qui attrainent des montaignes autant de
boüe que de claire eaüe: voulāt euiter le langage commun, ils

D ij

s'embarraſſent de mots & manieres de parler dures, fantaſti-
ques, & inſolentes, leſquelles repreſentent pluſtoſt des Chi-
meres, & venteuſes impreſſions des nües qu'vne venerable
majeſté Virgilienne: car c'eſt autre choſe d'eſtre graue & ma-
jeſtueux, & autre choſe d'enfler ſon ſtile & le faire creuer:
pource, faiſant vne parodie ſur vn vers d'Homere, quand An-
dromache dit à ſon Hector, le voyant ſortir hors la porte tout
armé, Ta vaillance te perdra, Ainſi le chaud boüillon de la
ieuneſſe de ces ſinges imitateurs, & l'impetuoſité de leur
eſprit, conduit ſeulement de la facilité d'vne nature depra-
uée, ſans artifice laborieux, perdront leur naiſſante reputa-
tion: diſant au reſte que quelques vns d'iceux euſſent peu eſtre
capables de la Poëſie, & d'eſtre mis au rang des bons Poëtes,
s'ils euſſent peu receuoir correction. Mais parlant de quelques
autres, qui ſuiuants cette bande proſtituent les Muſes, & les
habillent & deguiſent à leur mode, il ne peut vn iour ſe tenir
qu'il ne me dictaſt ſur le champ ces vers:

*Bien ſouuent, mon Binet, la troupe ſacrilege*
*Des filles de Cocyte entre dans le college*
*Des Muſes, & veſtant leurs habits empruntez*
*Trompent les plus ruſez de caquets eshontez,*
*Qui rampent cautement, ſe coulent & ſe gliſſent*
*Au cœur des auditeurs, qui effrayez palliſſent*
*Eſtonnez du murmure, & du jargon des vers:*
*Et plus ils ſont bouffis, plus courent de trauers,*
*Et plus ils ſont creuez de ſens & de paroles,*
*Plus ils ſont admirez des troupes qui ſont foles.*
*Tels farouches eſprits ont vn coup de marteau*
*Engraué de naiſſance au milieu du cerueau,*
*Empeſchant de preuoir de quel ſaint artifice*
*On appaiſe les Sœurs pour leur faire ſeruice,*
*Qui demandent des fleurs, & non pas des chardons,*
*Non des coups de canons, ains des petits fredons.*
*Ie les ay veu ſouuent courir parmi les rües*
*Seruir de paſſetemps à noz troupes menues,*

*De ris & de ioüet, ou bien sus vn fumier*
*Ils meurent à la fin, leur tombeau coustumier,*
*Et iureurs & vanteurs meurent à la tauerne,*
*Comme gens débauchez que la Lune gouuerne.*

Il disoit ordinairement que tous ne deuoient temerairement se mesler de la Poësie, que la prose estoit le langage des hommes, mais la Poësie estoit le langage des Dieux: & que les hómes n'en deuoient estre les interpretes, s'ils n'estoient sacrez des leur naissance, & dediez à ce ministere.

Les Satyres qu'il auoit faites, & qu'il eust publiees, si nostre siecle eust esté plus paisible, ne taxoient personne qui ne l'eust merité, & c'estoit bien vne de ses enuies de peindre au vif les vices de nostre temps, pour corriger les vns, & espouuanter les autres de mal faire. Il m'en a monstré quelques vnes meslees à l'Horatienne, mais ie croy qu'elles seront perdues, d'autant que m'ayant recommandé & laissé ses œuures corrigees de sa derniere main, pour y tenir l'ordre en l'impression, suiuát ses memoires & aduis, & desquels il s'est fié à moy, il me dit, quant aux Satyres, que l'on n'en verroit iamais que ce qu'on en auoit veu, nostre siecle n'estant digne ny capable de correction. Quant au iugement de ses œuures, il le laissoit libremét a vn chacun, & deferoit à celuy des doctes, mais toutefois n'approuuoit le iugement d'aucuns, qui parlans de sa Franciade auoient opinion qu'elle ne respondoit à ses autres œuures. Car personne, disoit il, ne sçauroit iuger ainsi, qu'il n'accuse son ignorance.

Les hommes doctes aussi, & non seulement les nostres, mais les estrangers, & principalement les Italiens l'ont estimé & loüé infiniment, & le plus docte d'entre eux, & le plus raisonnable censeur des Poëtes, Iules Cesar Scaliger luy dedia ses Anacreontiques, comme au premier de tous les Poëtes en ces termes.

*Quo te carmine, qua prece*
*Quo pingui Genium thure adeam tuum.*
*Immensi sobolem ætheris,*
*Qui musis animi prodigus imperas?*

*O cantus decus aurei*
*Qui solus stupidis auribus immines.*
*O flexus veteres nouo,*
*Quos fœlix superas, nectare condiens*
*Sublimis fidicen Lyra,*
*Graÿs picta notis Celtica temperans:*
*Qui solus scatebris tuis*
*Latè Pegaseos imbuis alueos:*
*Te solo magis ac magis*
*Implens Castalÿ consilium chori.*
*An frustra, an lepidus meus*
*Blandus suauiloquus dulcis Anacreon,*
*Ronsarde, ad liquidam chelin,*
*Hinc ausit niueis vectus oloribus,*
*Nunc primùm è tenebris pudens,*
*Sacrum stellifero ferre caput polo?*
*Cuius luce frequens, pari*
*Illum luce tua flammeus obruis.*
*Mortes præripiens truces,*
*In quoscumque tuus spiritus ingruit.*

Et ce iugement fut suiuy de tout le monde, comme tesmoignent ses œuures que l'on a leu, & lit on encores publicquement aux escolles Françoises de Flandres, d'Angleterre & de Pologne, iusques à Danzich.

Les premiers Poëtes & escriuains qu'il a estimé auoir commécé à bien escrire, ont esté Maurice Sceue, Hugues, Salel, & Iacques Pelletier. Quant aux autres, ils sont assez cogneus & remarquez en ses œuures. Il ayma & estima sur tous pour la grandé doctrine, & pour auoir les mieux escrit, Pontus de Tyard, apresent Euesque de Chaalons, Ioachin du Bellay, Iean Ant. de Baïf, Remy Belleau, qu'il appeloit le peintre de nature, Amadis Iamin, qu'il auoit nourry auec soy, Robert Garnier Poëte tragique, Philippe des Portes Abbé de Tyron, Florét Chrestien, Sçeuole de saincte Marthe, Iean Passerat, & I.D. Perron, & quelques autres dont le iugement est en ses œuures.

Sa conuerſation eſtoit fort facile auec ceux qu'il aymoit, mais il aymoit ſur tout les hommes ſtudieux, vertueux, & de nette conſcience, & qui eſtoient libres, ouuerts, ſimples, & ſans tromperie, comme auſſi luymeſme deſiroit eſtre tel: pouuant dire hardiment que ſes mœurs, comme auſſi ſes eſcrits portoient touſiours ie ne ſçay quoy de noble au front, & en toutes ſes actions on voyoit reluire les effects d'vn vray gentil-homme François, au reſte liberal & magnifique en la deſpence des biens qu'il auoit.

Il ſe plaiſoit ordinairement ou à S. Coſme, lieu fort plaiſant, & comme l'œil de la Touraine, iardin de la France, ou à Bourgueil, à cauſe du deduict de la chaſſe, auquel il ſ'exerçoit volontiers, comme auſſi a Croix-val, recherchant orés la ſolitude de la foreſt de Gaſtine, orés les riues du Loir, & la belle fonteine Bellerie, où bien ſouuent ſeul, mais touſiours en la compaignie des Muſes, il ſ'egaroit pour raſſembler les belles inuentions leſquelles parmy le tumulte des villes & du peuple, ſ'eſcartant çà & là ne peuuét ſi bien ſe conceuoir en nous. Quand il eſtoit à Paris il ſe delectoit ſur tout ou à Meudon, à cauſe des bois & de la riuiere de Seine, ou à Gétilly, Hercueil, ou Vanues, pour l'agreable freſcheur du ruiſſeau de Bieure, & des fonteines que les Muſes ayment naturellement. Il prenoit auſſi ſingulier plaiſir à iardiner, & ſur tous lieux, en ſa maiſon de S. Coſme, où monſieur le Duc Danjou, qui le priſoit, l'aimoit, & admiroit, le fut voir aprez auoir faict ſon entree à Tours. Il ſçauoit beaucoup de beaux ſecrets pour le iardinage, fuſt pour ſemer, plâter, ou pour enter & greffer en toutes ſortes, & ſouuent en preſentoit des fruictz au Roy Charles, qui prenoit a gré tout ce qui venoit de luy. Quand il ſe mettoit à l'eſtude il ne ſ'en retiroit aiſément, & lors qu'il en ſortoit, il eſtoit aſſez melancholique, & bien aiſe de rencontrer compagnie recreatiue: Mais lors qu'il compoſoit, il ne vouloit eſtre importuné de perſonne, ſe faiſant excuſer librement, meſme à ſes plus grans amis, ſ'il ne parloit à eux.

Aucuns ont trouué la correction qu'il a faicte en ſes œuures, en quelques endroicts, moins agreable que ce qu'il auoit

premierement conceu, comme il aduient, principalement en
la Poësie, que la premiere fureur est plus naïue, & que la lime
trop de fois mise, en lieu de'claircir & polir le fer, ne fait que
l'vser & le rendre plus rude, les doctes en iugeront. Quant a
ses œuures, elles sont tant pleines d'excellence & de beautez,
que nous les pouuons mieux entendre & admirer que les ex-
pliquer & imiter : Et nostre Ronsard a fait si bien son prouf-
fit de la profonde science de toutes choses, pratique si bien les
graces anciénes, & à icelles ioint yne telle fureur Poëtique, à
luy seul propre, que depuis le siecle d'Auguste il ne s'est trouué
vn naturel plus diuin, plus hardi, plus Poëtique, & plus accó-
pli que le sié, il ny a fleur ou Trope qu'il n'ait parsemé & si sub-
tilemement caché en ses escris, qu'il est a douter si en luy l'art
surmóte la nature: Et quant à l'art, il n'en doit rien aux anciés,
& semble ayant osté de sa superfluité, qu'il ait adiouté beaucoup à son embellissement : car l'excellence & perfection
de bien dire n'est pas en l'abondance & meslange de toutes
fleurs, mais au retranchement & au chois des plus belles : Et
tout ainsi qu'au cours de nostre vie il y a beaucoup de choses
qui se presentét, desquelles peu nous plaisent, & moins encor
nous engendrent admiration, aussi plusieurs considerations
s'offrét en la conception du Poëte, dont il doit refuser la plus
grand part, & receuoir celle qui plus raisonnablemét & auec
grand contention d'esprit luy vient à gré. De tous les Poëtes
qui ont esté iusques à present, les vns ont emporté l'honneur
pour le poëme Épique, & les autres pour le Lyrique, & ainsi
des autres: mais faisant comparaison auec chacun Poëte particulier, il est au lieu de tous, & entre tous, vnique. Qui n'admi-
reroit son diuin Genie, la grandeur & venerable maiesté de ses
conceptions, comme il est floride, rond, reserré, pressé quand
il veut, egal à son sujet, nombreux, elegant & poli, plein de
propres epithetes, riche de mots & termes significatifs, agreable en cóparaisons industrieuses, elabourees & recherchees,
& en toutes ces choses autant tousiours semblable à soymes-
mes comme en varieté d'inuentions & d'argumens il est tousiours dissemblable & different.

On

On trouua fur fon nom d'affez heureufes recotres, en Grec ΣΩΣ Ο ΤΕΡΠΑΝΔΡΟΣ, & en François quelques lettres perduës, *Rofe de Pindare*, & d'autres que ie laiffe aux plus curieux.

Il auoit enuie, fi la fanté & la Parque l'euffent permis, d'ef-crire la naiffance du monde, & traicter dignement le fubiect des iours de fa creation, mais il nous en a laiffé feulement le defir: bien a il commencé vn Poëme de la Loy diuine non a-cheué, addreffé au Roy de Nauarre, vn autre difcours plain de doctrine & de philofophie à monfieur des Portes Abbé de Tyron, l'Hymne de Mercure, la luicte de Calaïs & d'Orfee qu'il n'a peu acheuer, & quelques difcours fur la Poëfie faicts en profe, qu'il me donna, & lefquels depuis il retira pour re-corriger: plus les prefaces en vers pour mettre au commence-ment de chaque diuerfe forte de Poëmes qui font en fes œu-ures, & plufieurs autres pieces de luy non encor mifes en lu-miere, qui verront le iour en la derniere main de fes œuures.

Il incitoit fort ceux qui l'alloient voir, & principalement les ieunes hommes qu'il iugeoit pouuoir quelque iour pro-mettre quelque fruict à bië efcrire, & pluftoft moins & mieux faire. I'eftimeray toufiours ce iour bien heureux quand ieune d'ans & d'experience, n'ayant encor attainct l'age de quinze ou feize ans, apres auoir fauouré tant foit peu du miel de fes ef-crits, l'ayant efté voir, il ne reçeut pas feulement les premices de ma Mufe, mais m'incita merueilleufement à continuer & l'aller voir fouuent, non chiche, de me deceler beaucoup de particularitez, & m'ayant aymé & premier verfe l'inclination en la Poëfic, f'y peu que i'en puis recognoiftre en moy, Et de-puis honoré mes efcrits de la gloire qui regorgeoit en luy. En recompenfe dequoy ayant reçeu de luy office de pere, com-me vn fils non ingrat, voulant aucunement recognoiftre cet-te pieté d'vne autre, i'ay faict ce vaiffeau pour y enfermer fes cendres tant precieufes, que i'ay ramaffees, & que ie prefente à la pofterité, reliques d'vn fi grãd perfonnage, & tefmoigna-ge du deuoir que la France & moy luy confacrons auec noz larmes perpetuelles.

E

# LES DERNIERS
## VERS DE P. DE
## RONSARD.

## STANCES.

I'AY varié ma vie en deuidant la trame
Que Clothon me filoit, entre malade & sain,
Maintenant la santé se logeoit en mon sein,
Tantost la maladie, extreme fleau de l'ame.

La goutte ia vieillard me bourrela les veines,
Les muscles & les nerfs execrable douleur,
Montrant en cent façons, par cent diuerses peines,
Que l'homme n'est sinon le subiect de malheur.

L'vn meurt en son printemps, l'autre attend la vieillesse,
Le trespas est tout vn, les accidens diuers:
Le vray tresor de l'homme est la verte ieunesse,
Le reste de nos ans ne sont que des hiuers.

Pour long temps conseruer telle richesse entiere
Ne force ta nature, ains ensuy la raison,
Fuy l'amour & le vin, des vices la matiere,
Grand loyer t'en demeure en la vieille saison.

La ieunesse des Dieux aux hommes n'est donnee
Pour gouspiller sa fleur, ainsi qu'on void fanir
La rose par le chauld, ainsi mal gouuernee
La ieunesse s'enfuit sans iamais reuenir.

Sonet

IE n'ay plus que les os, un Schelette ie semble,
Decharné, denervé, demusclé, depoulpé,
Que le trait de la mort sans pardon a frappé,
Ie n'ose voir mes bras que de peur ie ne tremble.

Apollon & son fils, deux grans maiſtres enſemble,
Ne me ſçauroient guerir, leur meſtier m'a trompé,
Adieu plaiſant ſoleil, mon œil eſt eſtoupé,
Mon corps ſen va deſcendre où tout ſe deſaſſemble.

Quel amy me voyant en ce point deſpoüillé
Ne remporte au logis un œil triſte & moüillé,
Me conſolant au lict & me baiſant la face,

En eſſuiant mes yeux par la mort endormis?
Adieu chers compagnons, adieu mes chers amis,
Ie m'en vay le premier vous preparer la place.

I I.

MEſchantes nuicts d'hyuer, nuicts filles de Cocyte
Que la terre engendra, d'Encelade les ſeurs,
Serpentes d'Alecton, & fureur des fureurs,
N'aprochez de mon lict, ou bien tournez plus vitte.

Que fait tant le Soleil au gyron d'Amphytrite?
Leue toy, ie languis accablé de douleurs,
Mais ne pouuoir dormir c'eſt bien de mes malheurs
Le plus grand, qui ma vie & chagrine & deſpite.

Seize heures pour le moins ie meur les yeux ouuers,
Me tournant, me virant de droit & de trauers,
Sus l'un ſus l'autre flanc ie tempeſte, ie crie,

Inquiete ie ne puis en un lieu me tenir,
I'appelle en vain le iour, & la mort ie ſupplie,
Mais elle fait la ſourde, & ne veut pas venir.

## III.

DOnne moy tes presens en ces iours que la Brume
Fait les plus courts de l'an, ou de ton rameau teint
Dans le ruisseau d'Oubly dessus mon front espreint,
Endor mes pauures yeux, mes gouttes & mon rhume.

Misericorde ô Dieu, ô Dieu ne me consume
A faute de dormir, plustost sois-ie contreint
De me voir par la peste ou par la fieure esteint,
Qui mon sang deseché dans mes veines allume.

Heureux, cent fois heureux animaux qui dormez
Demy an en voz trous, soubs la terre enfermez,
Sans manger du pauot qui tous les sens assomme.

I'en ay mangé, i'ay beu de son iust oublieux
En salade cuit, cru, & toutefois le somme
Ne vient par sa froideur s'asseoir dessus mes yeux.

## IIII.

AH longues nuicts d'hyuer, de ma vie bourrelles,
Donnez moy patience, & me laissez dormir,
Vostre nom seulement & suer & fremir
Me fait par tout le corps, tant vous m'estes cruelles.

Le sommeil tant soit peu n'esuente de ses ailes
Mes yeux tousiours ouuers, & ne puis affermir
Paupiere sur paupiere, & ne fais que gemir,
Souffrant comme Ixion des peines eternelles.

Vieille ombre de la terre, ainçois l'ombre d'enfer,
Tu m'as ouuert les yeux d'une chaisne de fer,
Me consumant au lict, nauré de mille pointes:

Pour chasser mes douleurs ameine moy la mort,
Ha mort, le port commun, des hommes le confort,
Viens enterrer mes maux ie t'en prie à mains iointes.

Q Voy mon ame, dors tu engourdie en ta maſſe?
La trompette a ſonné, ſerré bagage, & va
Le chemin deſerté que Ieſus Chriſt trouua,
Quand tout moüillé de ſang rachera noſtre race.

C'eſt vn chemin facheux, borné de peu d'eſpace,
Tracé de peu de gens, que la ronce paüa,
Ou le chardon poignant ſes teſtes eſleua,
Pren courage pourtant, & ne quitte la place.

N'appoſe point la main à la manſine, apres
Pour ſicher ta charrue au milieu des guerets,
Retournant coup ſur coup en arriere ta vüe:

Il ne faut commencer, ou du tout s'employer,
Il ne faut point mener, puis laiſſer la charrue,
Qui laiſſe ſon meſtier, n'eſt digne du loier.

**V I.**

I L faut laiſſer maiſons & vergers & iardins,
Vaiſſelles & vaiſſeaux que l'artiſan burine,
Et chanter ſon obſeque en la façon du Cygne,
Qui chante ſon treſpas ſur les bors Mæandrins.

C'eſt fait, i'ay deuidé le cours de mes deſtins,
I'ay veſcu, i'ay rendu mon nom aſſez inſigne,
Ma plume vole au ciel pour eſtre quelque ſigne
Loin des appas mondains qui trompent les plus fins.

Heureux qui ne fut onc, plus heureux qui retourne
En rien comme il eſtoit, plus heureux qui ſeiourne
D'homme fait notuel Ange aupres de Ieſus Chriſt,

Laiſſant pourrir ça bas ſa deſpoüille de boüe
Dont le ſort, la fortune, & le deſtin ſe ioüe,
Franc des liens du corps pour n'eſtre qu'vn eſprit.

E iij

# Perrot.

## ECLOGVE MESLEE, SVR
### LE DECEZ DE PIERRE DE
#### RONSARD, GENTIL-HOMME
Vandomois, Par Claude Binet.

A
*Monseigneur le Duc de Ioyeuse,*
*Admiral de France.*

### ENTREPARLEVRS,
THOINET, berger. PHILIN, chasseur. CLAVDIN, pescheur.

E fortune vn matin, sur la riue ou la Seine
Son canal miparty en vn seul lict rameine,
Vn Berger, vn Chasseur, & vn Pescheur amis,
Pour se garrer d'orage à l'abri s'estoient mis
Dans l'Antre, que Phebus à l'honneur de sa mere
Nomma, pour aduertir la troupe mariniere,
Du sort des Lyciens. Là i'entendis leur voix
Qui regrettoit Perrot, l'Apollon des François,
Que i'engrauay deslors sur l'escorce d'vn arbre
Pour durer à iamais plus dur que sur le marbre,
ANNE, auec vostre nom, Nom que Diane a pris
Pour l'aprendre à son frere, afin qu'au grand pourpris
Qu'il dore de ses rays sur la terre il l'espande,

*Qui*

Qui aux queſtes d'honneur pour vous n'eſt aſſez grande,
Meſme en l'air iuſque au ciel ou volent voz oiſeaux,
Et où vous commandez, ſur les marines eaux.

Donnez, grand Admiral, congé à mon nauire
De demarer du port, & au lieu d'un Zephire,
De voz graces enflez ma voile & mon deſir,
Car ie veux deſſouz vous nouueaux cieux decouurir,
Borner nouuelles mers, & que par vous on ſçache
Ce que l'art & le ſort & nature nous cache,
Tant que ceſte vertu qui vous fait renommer
N'ait borne ſeulement de la prochaine Mer.

Ce pendant échangeant voſtre nom en triſteſſe,
En Cyprés le laurier qui voſtre beau chef preſſe,
Fauorable entendez ces regrets & ſanglos
Qui ſont meſme entenduz des poiſſons & des flots,
Que voſtre nom acoiſe, & à voſtre venuë
Qui planiſſent le dos de la tourmente eſmeuë,
Comme on voit au Printemps les vagues ſe calmer
Quand Neptune ſe montre & commande à la mer.

## C L A V D I N.

Non, ce n'eſt point en vain qu'vn ſi cruel orage
Menace à depourueu ma vie de naufrage,
Et de bris ma nacelle, & renuerſant les flos
Vient troubler ſi ſoudain l'aiſe de mon repos:
Ou ſoit que Iupiter plus benin admoneſte
Que touſiours il nous faut redouter la tempeſte
Qu'il pend deſſus noz chefs, ou qu'il vueille anoncer
Quelque malheur plus grand qu'il va ſur nous lancer.
,, Noſtre offenſe touſiours ſa colere deuance,
,, Mais la punition ſuit de bien pres l'offenſe.

*A peine estoit il iour, & la Lune qui luit*
*Encor pouuoit marquer les ombres de la nuict,*
*Quand voyant le serain de l'Aube safranee*
*Se mirant peu à peu dans la riue esloignee*
*De Seine, au calme lict, promesse d'vn beau iour,*
*I'entre dans ma nacelle & mets tout alentour*
*Mes auirons, ma truble, & la gaule crochue*
*Pour attirer du fonds mainte Nasse tendue.*
*Au destroit des janeaux, ie me desfais du bort,*
*Ie commence à gascher, quand ( ô malheureux sort )*
*Ie voy dessus mon chef la douteuse mouette,*
*D'vn orage auenir la sinistre profette,*
*De haults cris agaçant les funestes corbeaux*
*Qui s'assemblent au bruict pour rauir les boyaux*
*Surnageans à vau-l'eau, d'autre costé i'auise*
*Vn long rang de canards, qui sur leur plume grise,*
*Ayant fait l'eau jaillir de leurs cols allongez,*
*Parmy les foulques noirs au fond se sont plongez.*

*Lors tout à coup sur moy la fureur suruenue*
*D'vn tourbillon venteux, fend l'espais d'vne nue*
*Qui s'endurcit en gresle, & faict en mille bons*
*Sauter les flots esmeus & le fond des sablons.*

*Las, c'estoit fait de moy, ma mort estoit prochaine,*
*Ie voyois mon tombeau dans le creux de la Seine,*
*Quand de cœur & de bras ie commence a nager,*
*Prenant tant plus d'espoir que grand est le danger,*
*I'ay regaigné le bord, i'ay fermé ma nacelle,*
*Et les Dieux qui sauueurs m'ont mis en leur tutelle,*
*Auec toy, mon Thoinet, & toy Philin aussi*
*Dans cet antre à l'abry me font trouuer icy,*

Pour paſſer ſans danger la tempeſte orageuſe,
,, Souuent vient d'vn malheur vne rencontre heureuſe.

### T H O I N E T.

Ha, tu n'es point tout ſeul, mon Claudin, qui les coups
Du malheur a ſenty, plus heureux ſerions nous
Si la peſte d'Autonne, ou l'Hyuernal orage,
Si le ciel qui touſiours pleure noſtre dommage;
Comme on a veu fanir l'herbe eſpoir du Prin-temps,
Euſſent auſſi fani le reſte de noz ans:
Las, nous ne verrions plus aux herbes innocentes
L'amas entortillé des couleuures ſifflantes,
Nous n'orrions plus parler de ſorts ny de guenauds,
N'y de nourrir chez ſoy les venimeux crapauds,
De planter l'Aconit, ny de l'experience
De rauder par les bois pour cüeillir la ſemence
De la creſpe fougere, & le ſoldat ſans foy,
Plus cruel que n'eſt pas l'orage que ie voy,
Plus hideux, plus mortel qu'vne peſteuſe rage,
De mes troupeaux emblez n'enſleroit ſon bagage.
Mais pourquoy cherchons nous la cauſe dans les cieux,
Des malheurs ſuruenus, qui eſt deuant nos yeux?
Puis que Perrot eſt mort, qui de ceſte tourmente
Mourant eſt le ſubieƈt, ou la cauſe apparente,
Perrot ce grand berger qui aux champs Vandomois
Premier ioignit la fleute auecque les haultbois?
Il prediſoit noz maux, & pour s'en voir deliure,
A ceux qu'il preuoyoit n'a point voulu ſuruiure:
Tu le ſçais mon Claudin, tu le ſçais bien auſſi
Philin amy des bois, des Muſes le ſoucy.

F

### PHILIN.

Ie le sçay, les taillis, les forests escartees,
Et Dictynne & ses sœurs ores desconfortees
Le sçauent bien aussi, & depuis qu'il laissa
Noz bois, aucun chasseur de bon temps ne chassa:
Les chesnes herissez au lieu d'un doux Zephire
Aux bourrasses du Nort, n'ont point cessé de bruire.

### CLAVDIN.

Qui ne le pleureroit ? qui pourroit s'empescher
De regretter Perrot s'il n'estoit vn Rocher ?
Veu que ce rocher mesme ou la vague bruyante
Reuomit son courroux, escumeus en lamente.

Mais pendant que le ciel s'accorde à nostre dueil,
Compagnons, imitons l'honneur de son cercueil
Sur ces gazons herbus: Or sus, Thoinet, commence,
,, Les regrets d'un amy portent leur recompense.

### THOINET.

Mais qui soudainement ta rauy de noz yeux
Seul honneur des bergers? est-ce quelqu'un des dieux.
Qui tout seul veut iouïr de la douce armonie
Qu'animoit en nos champs l'air de ta chalemie
Par toy seul embouchée aux riues de ton Loir ?
Lors que sur tous bergers tu te faisois valoir,
Ore emportant du ieu & l'honneur & le gage,
Ore charmant l'ardeur de l'amoureuse rage,
Espris du feu dinin d'une rare beauté
Qui le beau nom d'aimer armoit de cruauté ?
Quoy, ne verray-ie plus souz la courtine espesse
Des hauts Pins de Bourgueil, aux iours chommez la presse
Des berges trepigner, au son obeïssans,

Et

Et mesurans leurs pas aux nombres de tes chants?
N'irons nous plus nous deux és saisons plus halées
Compaignons de fortune, aux profondes vallées
Chercher le fraiz repos à l'ombre des ormeaux,
Tandis que ferions paistre à couuert noz troupeaux?
Ou voir dans le secret d'vn bois plus solitaire
Au chant de tes pipeaux les rossignols se taire,
Aprendre tes chansons, appelans auecq eux
Les Nymphes pour tesmoings, hostesses de ces lieux?
Faisant honte à Tytire, & à la cornemuse
Qui sonne encor aux bois des champs de Syracuse?
Verrons nous auec toy tous ces plaisirs finir?
„ O que de dueil apporte vn plaisant souuenir !
        Que feray-ie chetif? par ton absence dure
Ie deuien languissant, & de morne nature,
Ainsi qu'on void languir ce mouton descharné,
Depuis que son pareil fut par force emmené
Du soldat impiteux, tousiours, tousiours des l'heure
La maigreur, la langueur, en luy fit sa demeure,
Il n'a peu proufiter : aussi tousiours depuis
I'ay creu qu'il presageoit ta mort & mes ennuis.
Apollon & ses sœurs t'ont regretté, de sorte
Que les ayant toy seul en noz monts fait venir
Maintenant par ta mort tu les en fais bannir,
Emportant auec toy l'honneur de nostre France,
Et du germe d'honneur la future esperance.
        Encor ay-ie grand peur, Perrot, par ton trespas
Que la terre noyée en pleurs, ne vueille pas
Ouurir son sein fecond, refusant pour ta perte
A l'herbe de ces prez la reietture verte,

La seue aux arbrisseaux, si ce n'est pour nourrir
Ce qui faict en broutant tous noz troupeaux mourir,
Le Tu-chien, l'Aconit escume de Cerbere,
L'espongeux champignon, ou la ciguë amere.

CLAVDIN.

Si tost que sur ce bord arriua Gallantin,
La moitié de Perrot, nous contant quel destin
Auoit tranché ses iours, vous eußiez veu sur l'onde
Mainte vague rouler, tristement vagabonde,
Les rochers animez du regret de Perrrot
Refuser en muglant le lauement du flot,
Flot qui refuse außi, & de roide secousse
Les flettes des pescheurs à la riue repousse.
Le Loir ( nous contoit il ) oyant vn tel malheur
De clair louche deuint, & se fondit en pleur,
Et son eau cy deuant pour l'oüir coustumiere
De refraindre son flot, voulant se rendre amere
Pour plus amerement son nourriçon pleurer,
S'enfuit d'vn roide cours aux bouches de la mer.
La mer mesme en gemit, & pour Perrot s'est veuë
Effroyable à noz yeux, blanchir sa robe bleuë
De flots entrechoquez, qui vont mourir au bord,
Meslez d'escume espaisse, & de maint poisson mort,
Ruant au ciel ses flots, montaignes de Neptune,
Et menaçant encor ses enfans de fortune.
Le Daufin amoureux de la Lyre au doux son,
Qui tant de fois oüit la diuine chanson
De Perrot le pescheur, lors que la mer tranquille
Pouuoit porter Cypris dans sa creuse coquille
Aux riues d'Amathonte, ou quand les Alcions

Pendoien

Pendoient aux flots leur nid tiſſu de petits jons:
Las , ce poure Daufin, n'agueres Roy de l'onde,
Qui recourbé ſautoit, roüoit, faiſoit la ronde
Dans le paſible aï du riuage Ollonois,
Ores mort de regret au bord ſur le grauois,
Glereux, tout elancé, va renuerſant leſchine,
Et ſe meut ſeulement au heurt de la marine.
Vous verriez à l'entour le Canjard riuager
Pardonner au poiſſon, & les plongeons nager,
Puis ſe reſouuenans de leur premiere cheute
De regret dedans l'eau refaire la culbute:
Et ſi verriez encor ſur le prochain eſcueil
Les Martinetz d'azur, accompaignans le dueil
Des Nereïdes ſeurs, qui auec face bleſme
Perrot & le Daufin pleurent d'vne voix meſme.
    Mais moy que puiſ-ie faire autre choſe, ſinon
Que d'apprendre à toute heure à ces riues ſon nom,
Qui le diront aux eaux, & les eaux qui vont rendre
Leur tribut à la mer, luy ſçauront bien aprendre,
Et la mer à la terre, ou ſes flancs écartez
Des pilotes Fraçois ne ſont encor hantez.
Mais luy meſme ſuffit, aſſez aſſez ſa gloire
Eſt engrauee au front des leuees de Loire,
Aſſez, Perrot, aſſez tu t'es faict renommer
Aux abors plus lointains des dunes de la mer.
    Neptune en ſa memoire a dedié vn autre
Au milieu de ſes flots, à l'honneur de ſon chantre,
Cet antre tous les ans eſt enjonché des fleurs
Que Lutee iaunit de ſes paſles couleurs,

Nymphe qui se baignoit cherchant la couuerture
Des fueillars pour cacher l'honneur de sa ceinture:
L'antre tout à lentour de mousse est tapissé
Ou le limas pourpré maintefois a passé,
Y laissant par dessus vne trace vermeille,
Au Corail qui se branche en ce rocher pareille:
Mainte Conque d'argent engagee au sablon
Decele s'ent'rouurant des perles le fruict blon:
Là Neptun' Palemon, & la troupe marine
Des Tritons tous les ans de leur creuse bucine
Font honneur à Perrot, les Nymphes d'alentour,
Les filles d'Achelois y viennent à leur tour
Au seul nom de Perrot, & à leur voix diserte
Attirent Proté' mesme, & Glauque, & Melicerte:
Perrot, rien que Perrot ne respondent les flotz,
Et de ce nom les vens vont emplumans leur doz.
Mais or que le destin plus sourd à ma priere
Que les rocs Capharez, plongent dans la riuiere
Des oublis eternelz, Perrot mon cher soucy,
Que deuiendray-ie ô dieux? Mais que feray-ie icy
Seulet sur cette riue? Ah il faut que ie laisse
Les mestiers qu'il m'apprit, desduict de ma ieunesse,
La pesche industrieuse, il faut qu'auecques luy
Ie me laisse moy mesme, angoisseux, plain d'ennuy.
Desormais sans Perrot ie fuiray la riuiere,
Mes perchotz pourriront dedans l'isle Louuiere,
Mes Nasses d'osier franc, ma saene & mes veruains,
Qui sans luy ne seroient qu'vn fardeau en mes mains.
Sans luy ne me plait plus de pescher à la ligne,
Ni le liege guetter qui d'enleuer faict signe,

Ny

Ny de fouler aux prez l'esche de bon matin,
Ny fouïller le ver blanc, ou le gris muguetin,
Ny d'amorcer de blé ou de houssure grasse,
Ou de glaize en plottons le destroit de ma place:
N'y auec l'aligeoir, ou la ligne de fonds,
Acrocher les petits ou les plus grans poissons:
Perrot a quant & soy tiré toute ma ioye,
Il est mon hameçon, & moy ie suis sa proye.
Car c'est luy qui premier m'apprit à fredonner
De la Conque aux replis, facheux à entonner,
Qu'vn iour il me donna, me disant, ie te donne
Ce present, mon Claudin, iamais autre personne
Ne l'emboucha que moy, les peuples escaillez
Quelque iour à ton chant se rendront oreillez,
Ainsi disoit Perrot, mais i'ay laisse pendue
A vn croc araigneux ceste trompe tortue,
Et mes lignes depuis: aussi depuis sa mort
e n'eusse rien pesché ny au fil ny au bord,
Car la Carpe aux plus creux des molanges serree
Quittant le cours de l'eau viue s'est enterree,
Et le barbeau nourry dans le courant pierreux
Se laisse auec les eaux emporter langoureux:
De tristesse ie meur. Mais Philin, ie te prie
Pendant que le loisir, & le temps nous conuie,
D'adoucir la rigueur de noz maux par ta voix,
Tire moy hors de l'eau & me meine en tes bois.

### PHILIN.

Tous noz bois sont remplis de dueil & de tristesse,
Il ne faut point chercher dessoubs leur cime espesse
Couuerture à noz maux, Perrot en est sorty,

Fiiij

Le beau chef des forests depuis s'est amorty,
Les Lyons & les Loups, & toute beste fiere
Qui vit du seul pourchas de sa dent carnaciere
N'en ont bougé depuis: les ruisseaux sont bouchez,
Les oyseaux ramagers en sont effarouchez,
Et n'estoit pour auoir de Perrot souuenance,
I'eusse bien loin des bois basti ma demeurance,
Car ayant ce matin pris mon limier Trauail,
Au lieu de rencontrer sur le fraiz de l'egail
Du Cerf ou du Cheurueil, il n'assent que les fientes
De Loups ou de Renardz, ou de bestes puantes.
Mais Perrot qui aymoit le desert des forestz
Y ayant consacré pour despouille ses retz,
Et au front de maint arbre, au destour de Gastine
Ayant graué les tons de sa Muse diuine,
Lors que las de chasser, de Phebus compaignon
Il rend en noz forests immortel son beau nom.
Il veult, & ie le veux, qu'aux forestz ie demeure,
Afin qu'a chaque obiect sa memoire ie pleure,
Et qu'au doz des rochers, des saulx, des chesnes vers,
Voz vers, Claudin, Thoinet, ie graue auec mes vers.

### THOINET.

Tous les ans les Bergers feront des sacrifices
A Pan & à Palés pour Perrot honorer,
Que sçait on si Palés pour iouïr des delices
De Perrot, en son parc la voulu retirer?

### PHILIN.

Dictynne fay moy don de ta trompe diuine
Pour sonner de Perrot le tout diuin honneur,

S'il

S'il iöüit des baisers de ta face argentine,
Fay que ton frere en soit luy mesme le sonneur.

### CLAVDIN.

Ie chommeray tousiours de Perrot la naissance,
L'honneur François naquit, & meurt en mesme iour,
Possible que Cypris ialouse de la France,
La raui dans sa Conque éprise de s'amour.

### THOINET.

Le Thym n'est point plus doux aux mouches de Sicile,
Plus doux n'est point au bruit des ruches s'endormir,
Que doux estoit ton chant, qui encores distille
Dans mes sens estonnez un mielleux souuenir.

### PHILIN.

Plus-tost seront les Daims sans crainte en un gaignage,
Les chesnes sans racine, & les Lions sans cœur,
Que ton nom sans honneur, honneur qui d'age en age
Te rend & sur l'enuie & sur le temps vaincueur.

### CLAVDIN.

Autant qu'on void de flotz quand Neptune s'irrite,
Autant que de poissons montent en la saison,
Autant que d'alge ceint les costez d'Amphitrite,
Autant de Myrthes vers ceignent son chef grison.

### THOINET.

Nymphes qui habitez le long de ces prairies
Chantez vostre Perrot qui tant vous a chanté,
Sans luy vous n'auriez point les robes si fleuries,
Immortel est celuy que Perrot a vanté.

### PHILIN.

Tous voz Lauriers sont mors, ô Nymphes bocageres,
Auec vostre Perrot, mais si du cler ruisseau

*De voz yeux arrousez ses os, & cendres cheres,*
*Les Lauriers renaistront du creux de son tombeau.*

### CLAVDIN.

*Donnez, ores donnez, o Naiades gentilles,*
*Esprit à ces Roseaux plantez en vostre sein,*
*Perrot soit leur sinet. Ainsi puissiez habilles*
*Des Tritons importuns toufiours tromper la main.*

### COEVR DES NYMPHES.

*Ces champs, ces riuieres, ces bois,*
*Ont ouy l'air de vostre voix,*
*Voix aussi du Ciel escoutee:*
*Qui ressuyant son moite front,*
*Destourne les nues qui vont*
*Se fondre en la mer escartee.*
*L'herbette croit parmy ces champs,*
*Les arbres sentent vn printemps,*
*Rassises luisent les arenes.*
*A voz chants les Dieux sont venus*
*Phebus & les Satires nus,*
*Et les trois Charites Syrenes.*
*Perrot nous chanterons touiour,*
*Auec nous il faict son seiour:*
*Enfans suiuez vostre fortune,*
*Les Dieux orront toufiours voz veux,*
*Es prez, és buissons ombrageux,*
*Et sur les sillons de Neptune.*

## Εἰς Πέζον Ρώνσαρδον Ἐπικήδιον.

Ὄφρα μὲν ἐν ζωοῖσιν ἔλω Πέζος ὁ Ρώνζαρδος,
  Τόφρα δ᾽ Ὁ ΤΕΡΠΑΝΔΡΟΣ ΣΩΣ ἔτι κ᾽αὐτὸς ἔλω.
Νῦν δ᾽ ἐπεὶ ὁ Ρώνζαρδος, ὃς ἄνδρας ἔτερπεν ἀοιδαῖς,
  Κάτθανε, Τέρπανδρος κ᾽αὐτὸς ὁ σὸς ἔθανε·
Καὶ μόνος ὁ Τέρπανδρος, ὁ Πίνδαρος ἔκθανεν αὐτός,
  Τῆς γὰρ Πινδαρικῆς ὄρχαμος ἦε λύρης.
Ἔκθανεν Αἴσχυλος, Σοφοκλῆς τε, κ᾽ αὐτὸς Ὅμηρος
  Κεῖνος ἀηδόντων μοῦνος ἀοιδότατος.
Τοῖδε μὲν Ἑλλήνεσσι, κ᾽ ἄλλοι πολλοὶ ὄλοντο,
  Κ᾽αὐτὸς ἐρωτογράφων ἄλλος ὁ Καλλίμαχος.
Ρωμαίων δ᾽ ὁ Μάρων ἡρώων ἔργα γεραίρων
  Ὤλετο, κ᾽ Λατίης Φλάκκος ἄναξ χέλυος.
Ἀλλὰ τί μακρὰ λέγων πολὺ πλείονας ἐξαριθμήσω,
  Οἵ σὺν Ρωνσάρδῳ θνησκεμιδίῳ ἔθανον;
Σὺ θάνε Ρώνζαρδω, περ᾽ πᾶν Γαλικῆς μέλι μούσης,
  Καὶ τὸ μέλι γλώσσης Κελτίδος ὅσον ἔλω.
Ψεύδομαι, οὐκ ἔθανεν τῆς ἀρχαικῆς τε νέης τε
  Γαῖ τὸ μέλι γλώσσης, ἀλλὰ κ᾽ ἔστιν ἔτι.
Τῶν γὰρ Ρωνσάρδου πρὶν ὅσοι γεύσαντο μελισσῶν,
  Ὧν ἀπὸ τῶν σίμβλων ἔρρεεν ἡδὺ μέλι·
Πολλοὶ πολλὰ μέλη μέλιτος γλυκερώτερα κ᾽αὐτοὶ
  Ἦδον Ρωνσάρδῳ ταῦτ᾽ ἐπιτυμβίδια·
Οὐ μόνον ὡς θανεόντι τὸ μνημόσυνον πολύτιμον,
  Ἀλλ᾽ ὅτι Ρώνζαρδοι πλείονές εἰσιν ἔτι.
Νῦν δ᾽ θανὼν σὺ μάκαρ, μοῦσ᾽ ὃν θανεόντα μαχαιρεῖ
  Τόσσων, εἰσὶν ὅσοι Κελτίδι μουσοπόλοι.

      Ἰωάννης Αὔρατος Ποιητὴς βασιλικός.

## IN NOBILISS. VIRI P. RON-
### SARDI OBITVM AD Io. GALAN-
#### dium & Cl. Binetum.

OCcidit heu Ronsardus, & occidit alter Homerus,
    Alter Virgilius Gallicus occidit heu!
Occidit Æschyli grauis, Euripidisque cothurnus,
    Et Sophoclis cui vis inter vtrumque fuit.
Occidit heu tua canna Theocrite rustica, pastum
    Quæ Siculos solita est ducere blanda greges.
Occidit, in Græcis cui Pindarus, inque Latinis
    Flaccus, per Lyricos cessit vterque modos,
Occidit, occidit heu! qui Francos primus & artem
    Carminis edocuit, quicquid & artis erat.
Qui Reges cecinit, Regum celebrésque triumphos,
    Qui thalamos Regum, Regificásque dapes.
Heroas cecinit fortes, Regíque fideles:
    Per quos Francorum gloria magna viget.
Hæc cecinit iam vir: sed adhuc juuenilibus annis
    A jaculis tactus sæue Cupido tuis,
Quos iuuenis sensit tristes in amore dolores,
    Hos alijs cantu posse leuare dedit.
Franciada incepit, simul hastiferúmque Pherenchum:
    Qui nomen Francis, cui dedit hasta suum.
Talis & in primo, medio stadióque cucurrit:
    In spatio extremo digna corona data est.
Teste, quod extrema cùm morti proximus esset,
    Mente pia cecinit ceu moribundus olor.
Confessus peccata Deo, confessus amaris
    Est lachrymis veniam se petere ante Deum.

                                    *Carmina*

*Carmina teſtantur doctis cantata Poëtis;*
   *Per quos elatus funere magnifico eſt .*
*Teſtantur verbis extant quæ ſcripta ſolutis,*
   *Et coram innumeris ſunt recitata viris*
*Vt primùm pueris annos præeuntibus arte*
   *Sic & poſtremùm, Perro diſerte, tibi:*
*In quo tam memor eſt mens, tam facundia præſens,*
   *Vt duo ſint numeris hæc tibi plena ſuis.*
*Maxima & inter eos tibi debita iure Galandi*
   *Gloria, qui tanto funus honore paras.*
*Sumptibus & nullis parcens, nullíque labori,*
   *Magnificásque ferens manibus inferias,*
*Omnibus extructum dapibus funebre dediſti*
   *Non epulum tantùm, docta ſed elogia.*
*Vnde tuum memori nunquam decus excidet æuo:*
   *Si laus Ronſardi non peritura tui eſt.*
*Te quoque magna manet laus ô Binete, recentem*
   *Qui de Ronſardo ſcripſeris hiſtoriam:*
*Nec ſolùm ipſe tui celebraris funus amici*
   *Scriptis, ſed multis ſuaſeris autor idem.*
*Rite parentauit charo tua cura Poëtæ:*
   *Ille tuo viuet munere, túque ſuo.*
*Ipſe ſed in terris tantos Ronſardus honores*
   *Funere ſortitus, exequiisque piis,*
*Nunc apud vt ſuperos in honore ſit vſque precemur:*
   *Elyſiúmque colat nobilis vmbra nemus.*

**Io. Auratus Poëta & interpres Regius.**
          G iij

## In tumulum P. Ronfardi Poëtarum
## Gallicorum Principis.

Ronfardi iacet híc corpus, fed fama per auras
    Peruolat à nullo deperitura fitu.
Annis qui à teneris Francifci Regis in aula
    Primi nutritus, dum puer effet adhuc,
Germanos, Scotos adiit ducente Baifi
    Laʒare te iuuenis: furdus & inde redît.
Sed Deus, vt furdis daret in bona carmina promptos
    Auditus, furdo plectra canora dedit.
Græcis & Latiis patrio fermone Poëtis
    Dum certat, palmam reddidit ambiguam.
Hifpanis, Italisque fuæ abstulit artis honorem,
    Ad Francos modulans cantica docta modos.
Franciadem fi non perfecit, tam bene cœpit,
    Æneadi vt certet, certet & Iliadi.
Plura fed his quid opus tumuli fuper aggere poni?
    Sat fui in auctorem funt monumenta libri.
Vos, quibus ad tumulum mora non eft parua molefta,
    Dicite, Ronfardo fit fine fine quies.

### Aliud.

Cefferat è vita Ronfardus: cefferat omnis
    Mufarum chorus & gloria Franciadum.
Triftia fed poft fata tot eius fiue foluta
    Seu pedibus vincta funera voce gemunt:
Elyfios vt adufque hortos pia turba fecutæ,
    Mufæ nunc reduces hunc fuper aftra ferant.
Ronfardi & leuius defiderium fit adempti,
    Tot Mufis eius morte fuperftitibus.

            Io. Auratus, Poëta & interpres Regius.

# ΕΠΙΤΑΦΙΟΝ ΕΙΣ
## Π. Ρόνσαρδον.

Δαίμονες ἠέελοί τε καὶ αἰθέελοί ποτε κλαῖον,
  Σμερδαλέον τε βραχον, Πὰν θεὸς ὡς ἔθανεν·
Νῦν δὲ σοφοὶ λόγιοί τ᾽ ἄνδρες θρηνῦσιν ἀοιδῶν
  Ἡγεμόνα, στυγερῇ κηελ καταφθίμνον·
Κρηπίδες αἱ Νύμφαι Χάριτές τε καὶ ἐννέα Μοῦσαι·
  Τῦτον ὀδύρονται τῶν μετὰ μουσσοπόλων,
Ἄλκιμον, ἡρώεσσι τετιμμνον, ἀγλαόφημον,
  Πέζον Ρόνσαρδον, θαῦμα καλὸν φύσεως,
Αἰετὸν ἡλιοδερκέα, καὶ πολυηχέα κύκνον,
  Φοίβυ καὶ Μυσῶν ἄξια μηλψάμνον·
Τῷ μάλα δῶκε θεὸς σεμνὸν καὶ ποικίλον αὐδλμ,
  Δῶκεν ἀειστεύν, καὶ γέρας ἐσθλὸν ἑλν·
Κρηπίδα γὰρ μοῦσαν καὶ ἀπὸ πρώτοιο θεμέθλυ
  Ἡ λιβάτοις ὁ λαβὼν ἤγαλμ εἰς ὀρόφοις·
Οὐκ ἴσος γέγονεν, προφερέτερος ὐδέποτ᾽ ἔσαι,
  Μόρσιμον ἐλλείπν, μηκέτι δ᾽ ἐκπερᾷν·
Οὐδὲ γὰρ δι᾽εργὴς Φαιήκων νηῦς μετὰ δίον
  Τὸν Λαερτιάδην τλῆ ξένον ἐκφορέν·
Πότνια μήτε φύσις τοῖον ποτε τέξεται ἄνδρα·
  Δ γὰρ ἐπ᾽ ἀκροτάτοις ἡσυχίην ἀγέμν.

N. Γυλώνιος.

G iiij

### In fatum Petri Ronſardi monœdia.

ROnſardum morbo conflictantémque catarrho
  Importuna diu luctans inſomnia vatem
Vexabat, poſt tot vigilatas tempore noctes
Impenſo ſtudiis muſarum, & nobilis otj:
Nec myſtæ tamen in mediis feruoribus ægro
Adfuit inſignis medica deus arte, nec Hermes
Spargere cantu oculis doctus virgáque ſoporem,
Inſomnémque Argum Inachia fraudare iuuenca,
Ronſardus licet addictus citharǽque lyrǽque
Amborum cultórque deûm vindéxque fuiſſet.
Ipſe deus toties Somnus per vota vocatus
Succeſſum miſero negat, & Cereale papauer,
Sidereisque oculis Lethæum infundere rorem.
Fruſtrà ergo, Vates, Diuorum cura vocamur,
Famam & cum noſtra pietate fouemus inanem.
Mors miſerata virum, tandem ſuccurrit anhelo,
Pro conſanguineóque ſuò refugóque ſopore,
Apparet, ſacrúmque illi de vertice crinem
Abſtulit, & pulchro moribundum corpore ſoluit,
Compoſuit, clauſitque oculos in nocte natantes
Iam multa. vigiles oculos Famæ ipſa reliquit,
Vt legat, vt recitet tanti monumenta Poëtæ;
Atque tubam, vt paſsim præconia didita fundat.
Annus hic exceſſu heroïs funeſtus amici
Me quoque ſemianimem cernet decora alta palatj
Linquentem patrij reuocari ad liminis aras,
Miſcentem lachrymis Ligerina gaudia in vrna.

Germ. Valens. G. P P.
*Ronſard.*

# RONSARDVS AD SVOS
## ENCOMIASTAS.

L Vstrali tepidos cineres aspergite lympha,
*Et precibus manes rite piate meos:*
*Nostraque nec vobis tantæ sit gloria curæ,*
*Nam peperi laudis satque superque mihi.*

## EPITAPHIVM.

PETRVS RONSARDVS IACET HIC: si
cætera nescis,
Nescis quid Phœbus, Musa, Minerua, Charis.
### PONTVS TYARDEVS
Bissianus E. C.

*Ronsard git en ce lieu:tout le reste ie passe,*
*Car si tu ne le sçais,Passant,tu ne sçais pas*
*Que c'est que de Phœbus,de Pallas,de la Grace,*
*Et que la Muse est morte en vn mesme trépas.*

H

## CLAVDIO BINETO
### IANVS ANTONIVS
### BAIFIVS.

RONSARDI *interitus tot denſat corde dolores,*
*Tot grave nunc deſiderium, damnique recentis*
*Vulnus acerba movet, tot curas pectore voluit,*
*Ut tacitum mœror me ſollicitumque moleſtus*
*Præpediat tam crebra animi depromere ſenſa.*
  *O toto* BINETE *ciens Helicone poëtas,*
*Officio qui lecta pio nova carmina quæris*
*Undique, quæ tumulo* RONSARDI *inſcribere tentas,*
*Nil tale à nobis expoſcito, quos dolor urget*
*Juſtior & gravior, qui ſerius emicet olim.*
    *Lac nutricis idem Muſæ nos hauſimus unà,*
*Tempore quam facilémque æquamque vocamus eodem,*
*Idque pari voto: variis ſed moribus ambo,*
*Diverſisque acti fatis. Nam vivere vitam*
*Nos fortuna jubet dubiam, quos livor iniquus*
*Exagitat, modo depreſſos, modo ſorte tumentes:*
*Dum ratio lenis rapido ceſſura furori eſt.*

## A CLAVDE BINET.

I'Ay tant à me douloir du depart de Ronſard,
Le regret m'oûtre tant de perte ſi recente,
Que de m'en dégorger le trop de dueil m'exemte,
Par trop de penſements & muet & ſongeard.

B I N E T, qui pieteux ſerres de toute part
Des amis d'Apollon toute grace excellente,
N'atten rien tel de moy. Car ma douleur preſſante,
Et plus juſte que d'autre, éclatera plus tard.

Nous ſuſſâmes un lait de la Muſe nourrice,
Que nous ûmes tous deux en meſme tems propice,
Sous bien divers deſtins & differentes meurs.

,, Subjets à la Fortune, expoſez à l'Envie,
,, Ore bien ore mal nous menons cette vie,
,, Où la douce raiſon céde aus égres humeurs.

I. Antoine de Baïf.

H ij

# PETRI RONSARDI
## EPICEDION.

CTA *polo rapidi quóties vertigine motus*
*Labitur in terras, aut labi stella videtur,*
*Agricolæ horrescunt, sæua impendente procella.*
*Sic vbi Ronsardi puro fulgentius astrum*
*Lucifero, vitæ occasus, manesque petiuit,*
*Obstupui: lænoturbatus & omine mentem,*
*Nobilibus, dixi, tempestas imminet atra*
*Ingeniis, flebuntque nouem sua damna sorores.*
*Quàm vereor Scythico redeat ne turpis ab axe*
*Barbaries! & cuncta premat caligine cæca!*
*Hoc adeò ex aliis licuit prænoscere signis:*
*Pibrachus extremis cuius facundia nota*
*Sauromatis, dulcique comes prudentia linguæ,*
*Triste sui desiderium, lucemque reliquit.*
*Castalidum studiis, & sanguine clarus auito,*
*Auxerat ingenuas qui tot virtutibus artes,*
*Foxius occubuit: Gallis inimica Quirini*
*Mœnia, & Ausonium damnant hæc crimina Tibrin.*
*Felices animæ, vestri duo lumina sæcli,*
*Famaque Palladiæ semper mansura Tholosæ,*
*Idem vos annus, vos idem mensis in oras*
*Edidit ætherias, idem vos abstulit annus.*
*Fors & idem vos sidus habet, cæloque recepti*
*Aspicitis fessum radiis melioribus orbem.*
*Eripuere etiam latiis infesta Camœnis*

*Tempora*

Tempora Sigonium: teque inclyta gentis Hetruscæ
Gloria, Victori, quo non humanior alter,
Candidiorve fuit, Pylio vel dignior æuo.
Nec satis: insignem nostræ telluris alumnum,
Qui decori quondam, nunc est tibi, Roma, dolori,
Muretum, Elysiis mors condidit inuida lucis.
Deerat adhuc (crudele nefas!) tot cladibus, vnum,
Ronsardo orba suo ducit quod Gallia funus.
Heu patriæ casus, quos vel gemat hostis, iniquos!
Ergo rogum & cineres tanti visura poetæ,
Mater vt amici spectans incendia nati,
Ardeat ipsa licet ciuilibus vndique flammis.
Gallia pone modum singultibus: Orphea tandem
Eluxit genitrix, genitrixque miserrima Rhesum;
Vtraque Musa tamen tecum noua vulnera sentit:
Vixque pater tam morte Lini perculsus Apollo.
Extinctæ ecce faces, fractique Cupidinis arcus.
Quin & fraxineam Mauors procul abiicit hastam,
Inuitisque oculis manant per casida guttæ.
Et meritò: quis enim diuûm celebrabit honorem?
Quis pacem, quis bella canet? quis ludet Amores?
Dicetque Hectorei reges ob origine Franci?
Vos quibus Aonios cura est conscendere montes,
Pegasei sacros latices ne quærite fontis,
Pieridum in lacrymas absumpta exaruit vnda.
Cernitis auulsos edera marcente corymbos?
Parnassi sine fronde nemus? Paphiasque caducis
Lugentes Myrtos foliis? tantùm vna Cupressus
Feralem retinet tumulo quam præbeat vmbram.
At non laudis egens, aut immaturus obiuit:

Quid stulti querimur? non deslent poma coloni
Cum matura cadunt, sed cum velluntur acerba.
Longa illi, si longa bonis conceditur, ætas:
Addiderat geminos ad bis sex lustra Decembres.
Substractusque malis, ægræ quæ multa senectæ,
Gliscentem armorum rabiem, dirosque tumultus,
Securus placidi mutauit pace sepulchri.
Istos ad lapides, & non violabile bustum,
Dona pij ferimus, Syriosque adolemus odores:
Spargimus & flores suprema in munera lectos.
Innumerosque simul numeros, questusque ciemus,
Vallibus & sylüis quos ludicra reddat imago.
Ceu percussa sonat Gigæi ripa Caystri,
Quando iterat voces, cycnique extrema parentis,
Paruus olor: discitque sui iam carmina leti.
His macte inferiis, Gallorum maxime vatum,
Et salue, æternumque vale. nos, turba superstes,
Inuisæ fatum abrumpet cùm stamina vitæ,
Vt tua scripta, olim, sic te, Ronsarde, sequemur.

Io. Passeratius Professor &
interpres Regius.

## SVR LE TOMBEAV DE PIERRE
### DE RONSARD.

NOus te plaingnons, Ronsard, & pleurons ton trespas:
Mais le mort plaint ainsi celuy qui ne l'est pas.
Qui escrit apres toy, pensant te faire viure:
Meurt luy-mesme auant toy, & s'enterre en son liure.

Passerat.
Tu

Tv vacuum quisquis spectacula tristia bustum
    Aspicis, ô properans aduena siste pedem.
Ronsardo mihi nomen erat: quis cetera nescit,
    Et genus, & priscae nobilitatis auos?
Sed potior gradibus multis & sanguine longo
    Ingenij cultus nobilitásq. fuit.
Primus ego Graiis Musas deducere adortus
    Montibus & Latiis in mea regna iugis,
Aemula Dircaeis, Lesbois aemula panxi,
    Atq. Venusina carmina digna lyra.
Mox veterum exemplo blandos modulatus amores,
    Siue Catulle tuo, siue Tibulle tuo.
Me quoque iuuit iter tritum calcare Philetae,
    Inq. Vmbri spatiis currere Callimachi.
Et pastoraleis interdum inflare cicutas,
    Et Siculis numeris ludere cura fuit.
Inde per Heroum titulos laudesq. deorum
    Insolita rapuit me tuba rauca via.
Omnia quae veterum puris e fontibus hausta
    Aut graphice expressi, vel meliora dedi.
Denique Sigaeo tandem de littore soluit
    Francias auspiciis Karole magne tuis,
Francias haut vlli temere tentanda nepotum,
    Atq. adeo Coae Cypridos instar opus.

                    H iiij

Maeonidae sat erat, magno sat & ire secundum
  Virgilio, meritis cessit uterque minor.
Omnia cesserunt, cessit me sospite liuor,
  Et potui viuus posteritate frui.
Mors superanda fuit, ne quid non cederet, ecce
  Cessit & exsequiis mors superata meis.

I. A. T. AEM.

## AD IO. GALANDIVM NOVISSIMA
### P. RONSARDO FACIENTEM.

DVm gratus functo pia funera ducis amico,
  Obliuioso funere ipse te asseris.
RONSARDI nomen dum laude sub aethera tollis,
  Tuis choro vatum astrepente lacrimis,
In laudes mœsta ora tuas soluuntur olorum,
  Nomenq́. surgit nomine alieno tuum:
Denique dum lauros vatis statuasq́. jacentes
  Erigis, & ipse imagines statuis tibi:
Felix ergo fide, felix & amore GALANDI,
  Laudisq́. tanto debitae praeconio,
Nequicquam tecum fido contendat amore
  Fratrem redemit morte qui alterna suum:
Non vitam alterius meruisti morte perennem,
  Vitam perennem dando vicißim & accipis.

I. A. T. E.

RON.

RONSARDI *tenues deflet Gallandius vmbras*
    *Ad tumulum Musas ex Helicone vocat,*
    *Ac inter pateras & læuia pocula libans*
    *Pallentes Manes ex Acheronte mouet:*
*Præstitit officium Ronsardo, quod pia mater.*
    *Agnati, atque pater soluere rite solent.*
*O Fœlix Ronsarde, pium qui nactus amicum*
    *Pro patre, nunc Musas funeris instar habes,*
*Et tu Gallandi, decores vt fata poëtæ*
    *Quod sint tam faciles in tua vota Deæ.*

Io. Clericus, in arctiore consilio Regis
Consiliarius, & libell. supplicum in
Senatu Paris. Præses.

I

# PAVLI MELISSI FRANCI
## COMITIS PALATINI ET EQVITIS,
### CIVIS ROMANI,

# ODE

## AD Q. SEPT. FLORENTEM
### CHRISTIANVM,

### De obitu Petri Ronſardi.

QVEM *Fama mendax ante biennium,*
*O QVINCTE, vani prodiga gutturis*
 *Vixiſſe vatem nunciarat;*
 *Isne manûs violentiores*

*Parcæ ſubivit, jus adamantinæ*
*Strictè tenentes forſicis, & glomum*
 *Vertentis ævi convolutum*
 *Diſsicere heu nihil abſtinentes?*

*Iam verat error priſtinus. En mare*
*Trajecit ingens Oceani patris,*
 *Et inſulares Albionis*
 *Non itidem, velut antè Celtas,*

*Rumore falſo corripuit volans*
*Hinc inde pennâ Fama volubili,*

*Triſtesque*

*Tristesque Ledaeas amoenum*
   *Reddidit ad Thamesim volúcres:*
*Quas usitatâ voce* ROGERSII,
DOVS *aeque cantu glauca Venilia*
   *Itemque nostro provocatas,*
   *Laetitiâ erigere insolenti*
*Spectarat alto collá sonantia*
*Clangore, crebroque agmine litora*
   *Vicina complere, & Britannam*
   *Ad modulos numerosiores*
*Ciere Nymphen, aetherium genus,*
*Vatumque numen. Siccine fluminum*
   *Ocelle Liri belle, ripae*
   *Vindocinae vetus irrigator,*
RONSARDVM *in extremo articulo nigrae*
*Mortis trementem reddere anhelitum*
   *Flesti repercussas in auras?*
   *Siccine, flave Liger, rigenti*
*Corpus sepulcro, pinguia quâ colunt*
*Turones arvi jugera, condier?*
   *Frustramur, an fractum Poëtae*
   *Emorientis utrumque ocellum*
*Vltro vocati dextra* GALANDII
*Propinqua clausit? Tu quoque forsitan*
   *Auri insusurrasti supinae*
   *Verba bona & pia,* CHRISTIANE,
*Agona leto luctificabilem*
*Luctante, praestó visus adesse. Quae*

I ij

Quos mæste flores Manibus iniicis?
Quæ vota fundis, queis sibi gaudeat
   Terpandrus alter? Sume quæso,
   Sume lyram mihi cumque tritam,
Ac luctuosas hisce age nænias,
Graio & Latino pectine. Dic tuo
   Exinde MORELLO, ET BINETO,
   ET STEPHANO BONEFONIOque,
Musarum alumnis, ut fide Lesbiâ,
Seu queis placebit cumque modis seni
   Dignê parentent; publicisque
   Templa, theatra, Academiasque
Sonis fatigent. Fas etenim est, vti
Qui natus artes dotibus inclitis
   Augere, donatus sacrarum
   Munere non careat sororum.

## LONDINI.

### Anno M. D. LXXXVI.

### Mense Febr.

## ELEGIE
## SVR LE TRESPAS DE FEV
### MONSIEVR DE RONSARD,
A monſieur des Portes Abbé de
Thiron, par R.
Garnier.

Ature eſt aux humains ſur tous autres cruelle,
    On ne voit animaux
En la terre & au ciel, ny en l'onde infidele,
    Qui ſouffrent tant de maux.

Le rayon eternel de l'eſſence diuine,
    Qu'en naiſſant nous auons,
De mille paſſions noz triſtes iours épine
    Tandis que nous viuons:

Et non pas ſeulement viuants il nous torture,
    Mais nous bleſſe au treſpas,
Car pour preuoir la mort, elle nous eſt plus dure
    Qu'elle ne ſeroit pas.

Si toſt que noſtre eſprit dans le cerueau raiſonne,
    Nous l'alons redoutant,
Et ſans cette frayeur que la raiſon nous donne,
    On ne la craindroit tant.

K

*Nous creignons de mourir, de perdre la lumiere*
    *Du Soleil radieus,*
*Nous creignons de passer sur les ais d'vne biere*
    *Le fleuue stigieus.*

*Nous creignons de laissernoz maisons delectables,*
    *Noz biens & noz honneurs,*
*Ces belles dignitez, qui nous font venerables*
    *Remarquer des seigneurs.*

*Les peuples des forests, de l'air & des riuieres,*
    *Qui ne voyent si loing,*
*Tombent iournellement aux mortelles pantieres*
    *Sans se gesner de soing.*

*Leur vie est plus heureuse, & moins sujette aus peines,*
    *Et encombres diuers,*
*Que nous souffrons chetifs en noz ames humaines,*
    *De desastres couuerts.*

*Ores nous poind l'amour, Tyran de la ieunesse,*
    *Ores l'auare faim*
*De l'or iniurieus, qui fait que chacun laisse*
    *La vertu pour le gain.*

*Cetuy-cy se tourmente apres les grandeurs vaines,*
    *Enflé d'ambition,*
*De cetuy-la l'enuie empoisonne les veines*
    *Cruelle passion.*

*La haine, le courroux, le depit, la tristesse,*
    *L'outrageuse rancœur,*

                                *Et*

Et la tendre pitié du foeble qu'on oppresse,
　　Nous bourrellent le cœur.

Et voila nostre vie, ô miserables hommes !
　　Nous semblons estre nez
Pour estre, cependant qu'en ce monde nous sommes,
　　Tousiours infortunez.

Et enquore, où le ciel en vne belle vie
　　Quelques vertus enclost,
La chagrineuse mort qui les hommes enuye
　　Nous la pille außi tost.

Ainsi le verd email d'vne riante prée
　　Est soudain effacé,
Ainsi l'aymable teint d'vne rose pourprée
　　Est außi tost passé.

La ieunesse de l'an n'est de longue durée,
　　Mais l'Hyuer aux dois gours,
Et l'Esté embruny de la torche etherée
　　Durant presque tousjours.

Mais las! ô doux Printems, vostre verdeur fanie
　　Retourne en mesme point,
Mais quand nostre ieunesse vne fois est finie
　　Elle ne reuient point.

La vieillesse nous prend maladiue & facheuse,
　　Hostesse de la mort,
Qui pleins de mal nous pousse en vne tombe creuse
　　D'où iamais on ne sort.

　　　　　　K ij

Des Portes, que la Muse honore & fauorise.
    Entre tous ceux qui ont
Suiuy le saint Phebus, & sa science aprise
    Dessur le double mont.

Vous voyez ce Ronsard, merueilles de nostre age,
    L'honneur de l'Vniuers,
Paitre de sa chair morte, ineuitable outrage,
    Vne source de vers.

De rien vostre Apollon, ny les Muses pucelles
    Ne luy ont profité,
Bien qu'ils eussent pour luy les deux croppes iumelles
    De Parnasse quitté:

Et qu'il les eust conduits aux accords de sa Lire
    Dans ce François seiour,
Pour chanter de noz Roys , & leurs victoires dire,
    Ou sonner de l'amour.

C'est grand cas, que ce Dieu, qui des enfance l'aime,
    Afranchit du trespas
Ses diuines chansons, & que le chantre mesme
    N'en affranchisse pas.

Vous en serez ainsi: car bien que vostre gloire,
    Espandue en tous lieux,
Ne descende estoufée en vne tombe noire
    Comme vn peuple otieux,

Et que voz sacrez vers, qui de honte font taire
    Les plus grands du metier,

                  Nous

*Nous facent choir des mains, quand nous en cuidons faire,*
  *La plume & le papier,*

*Si verres vous le fleuue où tout le monde arriue,*
  *Et payrez le denier*
*Que prend pour nous passer iusques à l'autre riue*
  *L'auare Nautonnier.*

*Que ne ressemblons nous aus vagueuses riuieres*
  *Qui ne changent de cours?*
*Ou au branle eternel des ondes marinieres*
  *Qui reflotent toujours?*

*Et n'est-ce pas pitié, que ces roches pointues,*
  *Qui semblent depiter,*
*De vents, de flots, d'oraige, & de foudres batues,*
  *L'ire de Iupiter,*

*Viuent incessamment, incessamment demeurent*
  *Dans leurs membres pierreux,*
*Et que des hommes, tels que ce grand Ronsard, meurent*
  *Par vn sort rigoureux?*

*O destin lamentable! vn homme qui approche*
  *De la diuinité*
*Est rauy de ce monde, & le front d'vne roche*
  *Dure en eternité.*

*Qui pourra desormais d'vne alaine assez forte*
  *Entonner comme il faut*
*La gloire de mon Roy, puisque la muse est morte*
  *Qui le chantoit si haut?*

Qui dira ses combats? ses batailles sanglantes?
 Quand ieune, Duc d'Anjou,
De sa main foudroya les troupes protestantes
 Aux plaines de Poictou?

Des portes qui sera-ce? vnefois vostre Muse,
 Digne d'estre en son lieu,
Fuyant l'honneur profane aujourdhuy ne s'amuse
 Qu'aus loüanges de Dieu.

Et qui sera-ce donc? quelle voix suffisante,
 Pour sonner grauement
Ioyeuse nostre Achil, dont la gloire naissante
 S'acroist journellement?

Qui dira son courage, indomtable à la peine,
 Indomtable à la peur,
Et comme il appareille auec vne ame humaine
 Vn magnanime cœur?

Comme il est de l'honneur, du seul honneur auare,
 D'autres biens liberal,
Cherissant vn chacun, fors celuy qui s'egare
 Du seruice royal?

Ne permette Clion & Phebus ne permette
 Que Ronsard abattu
Par l'ennuyeuse mort, ne se treuue Poëte.
 Qui chante sa vertu.

Adieu mon cher Ronsard, l'abeille en vostre tombe
 Face tousiour son miel,

 Que

Que le baume *Arabic à tout iamais y tombe,*
  Et la manne du ciel.

Le Laurier y verdiſſe auecques le lierre
  Et le Mirthe amoureus,
Riche en mille boutons, de toutes parts l'enſerre
  Le Roſier odoreus :

Le tin, le baſelic, la franche Marguerite,
  Et noſtre Lis François,
Et ceſte rouge fleur, où la pleinte eſt eſcrite
  Du malcontent Gregeois.

Les Nymphes de Gâtine, & les Nayades ſainctes,
  Qui habitent le Loir,
Le venant arroſer de larmettes epreintes,
  Ne ceſſent de douloir.

Las! Cloton a tranché le fil de voſtre vie
  D'vne piteuſſe main,
La voyant de vieilleſſe & de goutes ſuyuie,
  Torturage inhumain.

Voyant la poure France en ſon corps outragee
  Par le ſanglant effort
De ſes enfans, qui l'ont tant de foys rauagee,
  Soupirer à la mort :

Le Souyſſe aguerry, qui aus combats ſe loüe,
  L'Anglois fermé de flots,
Ceux qui boiuent le Pau, le Tage, & la Danoüe,
  Fondre deſſus ſon dos.

                                    K iiij

Ainsi que le Vautour, qui de griffes bourelles
  Va sans fin tirassant
De Promethé le foye, en patures nouuelles
  Coup sur coup renaissant.

Les meurtres inhumains se font entre les freres,
  Spectacle plein d'horreur,
Et deja les enfans courent contre leurs peres
  D'vne aueugle fureur:

Le cœur des Citoyens se remplit de furies,
  Les Paysans ecartez
Meurent contre vne haye: on ne voit que turies
  Par les chams desertez.

Et puis alez chanter l'honneur de nostre France
  En siecles si maudits,
Attendez-vous qu'aucun vos labeurs recompense
  Comme on faisoit jadis?

La triste poureté noz chansons acompaigne,
  La Muse, les yeus bas,
Se retire de nous, voyant que lon dedaigne
  Ses antiques ebats.

Vous estes donque heureus, & vostre mort heureuse,
  O Cigne des François,
Ne lamentez que nous, dont la vie ennuyeuse
  Meurt le iour mile fois.

Vous errez maintenant aux campaignes d'Elise,
  A l'ombre des Vergers,

                                              Où

Où chargent en tout tems, asseurez de la Bise,
    Les jaunes Orengers:

Où les prez sont toujours tapissez de verdure,
    Les vignes de raisins,
Et les petits oyseaus, gasoüillans au murmure
    Des ruisseaus cristalins.

Là le Cedre gommeus odoreusement sue,
    Et l'arbre du Liban,
Et l'Ambre, & Myrrhe, au lit de son Pere receüe,
    Pleure le long de l'an.

En grand' foule acourus autour de vous se pressent
    Les heros anciens,
Qui boyuent le nectar, d'ambrosie se paissent,
    Aus bords Elisiens:

Sur tous le grand Eumolpe, & le diuin Orphee,
    Et Line, & Amphion,
Et Musee, & celuy, dont la plume eschaufee
    Mist en cendre Ilion.

Le loüengeur Thebain, le chantre de Mantoüe,
    Le Lyrique latin,
Et aueques Seneque, honneur grand de Cordoüe,
    L'amoureus Florentin:

Tous vont battant des mains, sautellent de liesse,
    S'entredisant entre eux,
Voyla celuy, qui donte & l'Itale & la Grece
    En poëmes nombreus:

L

L'vn vous donne ſa lyre, & l'autre ſa trompette,
　　　L'autre vous veut donner
Son Myrthe, ſon Lierre, ou ſon Laurier profette,
　　　Pour vous en couronner.

Ainſi viuez heureuſe, ame toute diuine,
　　　Tandis que le deſtin
Nous reſerue aus malheurs de la France, voyſine
　　　De ſa derniere fin.

### STANCES: EPITAPHE.
#### I.

A Madis reſentit au fonds de ſon courage
Vn tel coup de douleur du treſpas de Ronſart,
Que l'ennuy luy navrant l'ame de part en part
Luy deſroba l'eſprit de plaindre vn tel dommage.

#### II

Donc, braue Poëſie, en dueil coupe la nüe,
Vole par l'vniuers & d'vn ſon eſclatant
Pour luy auec tes vers ſans fin te lamentant
Raconte cette perte aux François auenue.

#### III

Soudain Princes, & Rois, Amoureux, & Genſdarmes,
Toute ſorte d'eſtats le pleureront ſi fort,
Qu'Atropos, bien que ſourde, entendra qu'elle ha tort,
Et de l'auoir tué ſe fondra toute en larmes.

#### IIII

O combien les filets de la Parque inhumaine
Ont d'extreme puiſſance en leur fatalité,
Puiſqu'ils ont ſceu fermer d'vn ſilence indonté
La bouche des neuf Sœurs de la ſaincte Neuvaine!

*V.*

*Mais ie pense qu'au lieu d'Helicon & Parnasse*
*Les Muses pour logis tresexcellent & beau*
*Ont choizi maintenant de Ronsard le Tombeau*
*Honteuzes qu'on les voye ailleurs qu'en cette place.*

Amadis Iamyn Secretaire de la chambre du Roy.

## EPITAPHE.

*C Alliope sentit des regrets infinis*
*Quand Orphee & Homere, & Virgile moururent,*
*Quand Petrarque, Ariofte, aux trais de la mort furent,*
*Mais ores que Ronsard deſſouz la tombe est mis,*
*Calliope & ses Sœurs leurs beaux cheueux arrachent,*
*Se fachent pour luy seul plus que pour tous ceux-cy,*
*Et se deſeſperant d'vn eternel soucy,*
*Autour de son sepulchre aupres de luy se cachent,*
*Loing des yeux des humains ſ'abſentant aujourdhuy,*
*Ne voulant plus paroistre en ce monde apres luy.*

Ianne de Faulquier Baronne de Seignelay.

### Piis amici Ronsardi manibus.

*R Onsarde Aoniæ decus immortale cohortis,*
*Pars animæ quondam dimidiata meæ:*
*Siquis, vt est senſus defunctis, ſit tibi gratum*
*Postremum hoc mæsti funeris officium:*
*Accipito has lachrymas veras ac intus obortas,*
*Quas meus ex imo pectore fundit amor.*
*Sed lugere vetas: quoniam tua fama superstes*
*Orbi te illustrem conspicuumque refert.*

L ij

*Et quoniam, vt spero, fœlix conuiua Deorum*
*Pro nobis miseris vota precesque facis.*

Io. Gallandius flens mœrensque posuit.

### Viuenti lusit sic Stephanus Paschasius.

H *As tibi viuenti magne ô Ronsarde sacramus,*
　*Quas nos defunctis soluimus exequias.*
*Haud aliter poteras donari hoc munere, vt in quem*
*Inuida mors nullum vendicet imperium.*

### Petri Ronsardi Epitaphium.

H *IC Ronsarde jaces, & tecùm Phœbus eadem,*
　*Et Musæ, & Charites contumulantur humo.*

Steph. Paschasius.

### Traduction du precedant.

C *Y git le grand Ronsard, & auecq' luy aussy*
　*Les Graces, les neuf Sœurs, Phœbus gisent icy.*

Estienne Pasquier.

R *Onsardo struitis, vates, quid cespite frustra*
　*Mortali tumulum; pinna qui cælite viuus*
*Tot sibi, tot patriæ monimenta æterna sacrauit?*
*An vos vt cœlo secum, Iouis armiger, addat?*

Ant. Oisel. I. C.

S *Vmme Poëtarum quos prisca & nostra tulerunt,*
　*Quosque ferent Gallis postuma sæcla tuis,*
*Parce, nec ista tibi veluti data iusta putato,*
*Sed tanquam summis manibus inferias.*

P. Pithoeus I. C.

*Hac*

*Hac tegitur Ronsardus humo tot notus in oris,*
*Quot patrius flauas Lædus percurrit arenas.*

P. Maſſonus.

*Muſarum vates Ronsardus, cui dare primas*
*Inuideat nemo inter tot tantoſque poëtas*
*Quos tulit hæc ætas, repetit cæleſtia regna.*
*Nam reuocant diui quibus hæc ſunt præmia curæ.*
*Aſt vos quîs ſupereſt in terris vita, fauete.*

Ant. Hotom. I.C.

## SONET.

TOut ainſi qu'au debat du prix de la beauté
Et Pallas & Iunon, ralumant leur querelle,
Au chois que fit Paris, qui nomma la plus belle,
Quitterent à Cypris le loyer merité.

Homere auſſi combien qu'il euſt Pallas chanté,
Virgile que Iunon vit animé contre elle,
A Ronſard ton Poëte, ô Venus immortelle,
Au nom de ton Paris leurs lauriers ont quitté.

Le ſort egal pourtant ces trois tant fauoriſe
Que leur tombeau fait honte au deſſein d'Arthemiſe,
Homere git d'Ios ſur les celeſtes fleurs,

Virgile dans ton ſein, Parthenope Sereine,
Et Ronſard ſur la ſoye aux iardins de Touraine,
Que Cypris & le Loire arrouſent de leurs pleurs.

Claude Binet.

L iij

## ODE SAPHIQVE RIMEE

Ous qui les ruiſſeaux d'Helicon frequentez:
Vous qui les jardins ſolitaires hantez,
Et le fond des bois, curieux de choiſir
    L'ombre & le loiſir.
Qui vivants bien loing de la fange, & du bruit,
Et de ces grandeurs que le peuple pourſuit,
Eſtimez les vers que la Muſe apres vous
    Trampe de miel doux.
Eſlevez voz chants, redoublez votr'ardeur
Souſtenez voz voix d'vne bruſque verdeur,
Dont l'acord montant d'icy juſques aux cieux
    Irrite les Dieux.
Noſtre grand RONSARD, de ce monde ſorty
Les eforts derniers de la Parque à ſenti:
Ses faveurs n'ont peu le garentir en fin
    Contre le deſtin.
Luy qui put des ans & de l'age vaincus
Suſciter Clovis, Pharamond, & Françus
Qu'vn pareil cercueil receloit, & leur los
    Moindre que leurs os:
Luy qui put des morts ralumer le flambeau,

Et

*Et le nom des Roys retirer du tombeau*
*Imprimant ses vers par vn art maternel*
  *D'vn stile eternel:*
*Bien qu'il eust neuf Sœurs, qui souloient le garder,*
*Il ne put les trois de la bas retarder,*
*Qu'il ne soit forcé de la fiere Clothon*
  *Hoste de Pluton.*

*Maintenant bien prés de la troupe des grands*
*Fondateurs guerriers de la gloire des Francs*
*On le voit pensif parauant qu'aborder*
  *Son lut acorder.*

*Mais si tost qu'on l'oyt reciter de ses vers,*
*Virgile au combat cede les loriers verds:*
*Orphée, & Linus, & Homere font lieu.*
  *Ainsi qu'a vn Dieu.*

*Il va leur comptant come lors de son temps*
*Noz civils discords alumez de vint ans*
*Par tout ont ramply le Royaume, d'erreur,*
  *D'armes & d'horreur.*

*Il va leur chantant le peril & danger*
*Du Troyen Francus, valeureux etranger,*
*Qui devoit aux bords de la Seine à bon port*
  *Eslever vn fort:*

*Ia le Rhin fourchu se couvroit de vaisseaux,*
*Et le Loyre enfloit le canal de ses eaux*
*Souz ce grand guerrier qui d'Hyante auoit pris*
  *L'ardeur à mespris.*

*Ia Paris monstroit le somet de ses tours,*
*Quand le sort rompit le milieu de son cours:*

     L iiij

*Il ne plut aux Dieux que d'vn homme fuſt fait*
   *Oeuure ſi parfaicte,*
*Ainſi d'Apélles de la Parque ſurpris*
*Fut iadis laiſſé le tableau de Cypris:*
*Nul depuis n'oſant la beſongne attenter*
   *Pour la remonter.*
*Quel de nous pourra renouër ce tiſſu*
*Conceuant l'ardeur que ſon ame a conceu ?*
*Quel de nous pourra de ce docte portraict*
   *Contrefere vn trait.*
*Grand Démon François, digne chantre des Dieux*
*Qui premier paſſas la loüange des vieux:*
*Sans ſecond, ſans payr, de la Gréce vainqueur*
   *Prince du ſainct choeur.*
*Vandomois harpeur, qui mourant ne mourras,*
*Mais de loing noʒ pleurs à ton aiſe verras*
*Oy ce ſaint concert, & retiens auec toy*
   *L'ombre de ton Roy.*
*Puiſſe ton tombeau leger eſtre à tes oʒ*
*Et pour immortel monument de ton los,*
*Les œillets, les lis, le lierre à maint tour*
   *Croiſſent à l'entour.*

Nɪᴄ. Rᴀᴘɪɴ,
Lieutenant de robe courte à Paris.


SONET.

*Viconque aura deſir de contenter ſes yeux*
*De tout ce qu'on peult veoir de plus eſmerueillable:*
      *Qu'il*

Qu'il vienne contempler le tombeau venerable
Du grand Ronsard, ainçois du grand chātre des Dieux.
Les poinctes que l'on dit qui voisinent les cieux:
	Le superbe Mauzole, & le temple admirable
	D'Ephese n'y font rien: car rien n'est comparable
Au thresor que contient ce tombeau pretieux.
Ronsard, duquel le nom tous les François honore
	Y demeure enfermé, & auec luy encore
	Les Graces & l'Amour qui en portent le dueil.
O Dieu, pourroit on veoir chose plus dure à croire
	Qu'un qui s'est honoré d'une si ample gloire
	Peust estre renfermé dans si petit cercueil?

N. Rapin le fils.

## NÆNIA PENTASYLLABICA.

SPargite ad hunc lapidem flores, & serta, poëtæ:
	Et tumulum violis sternite odoriferis:
Spargantur crocus, atque rosæ, vernique Hyacinthi,
	Liliáque immixtis alba papaveribus.
Nec desint hederæ, myrthíque & pampinus, & qua
	Vos caput ornatis Laurus Apollinea.
Fundite lac, vnguenta, oleum, far, mella, merúmque,
	Quódque fluit liquidis nectar arundinibus.
Mollis & ad sacram fundatur amaracus vrnam,
	Et thus, & nardi copia Achæmeniæ:
Atque sepulcralis quæcunque in munere pompæ
	Solvere consuevit prisca superstitio.
RONSARDI hoc bustum est, cujus jam nomen ab Afro
	Ad Gangem, & montes fertur Hyperboreos:

M

Qui primus Grajas ad Gallica plectra Camœnas
   Non vi, sed numeris traxit amabilibus.
Qualiter ingenuas Sparta abduxisse puellas
   Messenem cautus fertur Aristomenes.
Hic postquam patriis junxit nova pondera rythmis,
   Sermonémque novis auxit acuminibus.
Phœbadis Iliacæ sacros celebravit amores,
   Et Veneris risus lusit Acidaliæ.
Forsitan & veros concepit grandior ignes,
   Immitémque deæ sensit aculeolum:
Atque ita carminibus sua vulnera flevit, ut ipsis
   Nulla magis fuerint nota Cupidinibus.
Majus opus demum aggreditur Regésque Deósque
   Dum canit, & titulis ornat honorificis.
Trojanáque suos deduxit origine Gallos,
   Et clarum multis Carolum imaginibus.
Sic puer Hectorides Xantho & Simoente relictis
   Divino ad Rhenum venit haruspicio.
Græcia delatos Gallis iam cedat honores,
   Submittátque vetus Roma supercilium.
Vicimus, & spoliis Latij gaudemus opimis:
   Gallus ovat ludis victor Olympiacis.
Frustra Virgilius, frustra iactetur Homerus:
   Vtrumque exuperat Gallus Atlantiades,
Dignus qui duplici princeps Helicone sederet,
   Pimplæisque daret iura cacuminibus.
Ille ubi civili patriam jam Marte cadentem
   Vidit, & impleri cuncta latrociniis,
Incendíque vrbes, & regia nomina tendi,
   Prostratísque solum pingue cadaveribus,

*Nunc*

*Nunc moriamur, ait: patriæ superesse puderet,*
  *Atque moras annis nectere inutilibus.*
*Dixit, & incumbens focalibus, vltima luxit,*
  *Qualis olor ripas propter arundineas.*
*Non illum ambitio, vel amor væsanus honorum,*
  *Vel fœdæ stimulus punxit avaritiæ:*
*Gustavit parta post bis sex lustra quiete*
  *Dulcibus immixtam rebus amaritiem.*
*Vos quibus est cordi sua laus, qui præmia dudum*
  *Concipitis tanto digna magisterio:*
*In planctum atque preces numeris concordibus ite:*
  *Defunctóque pium ferte ministerium.*
*Non juvat obscuram gestare in funere pallam,*
  *Et caput impexo triste capillitio.*
*Hæc sunt quæ canimus veri monumenta doloris:*
  *Hæc sunt Castalij justa sodalitij.*
*Manibus hæc, R O N S A R D E, tuis cano, dedico, pono,*
  *Supremum nostræ pignus amicitiæ.*
    I D E M  N. R A P I N V S  P A T E R,
        Succinctus in vrbe Quæsitor.


R O N S A R D V S *nusquã est: immò est Rõsardus vbique*
  *Vixque capax tanti nominis orbis erit.*
*Innumeris quid eum numeris defletis, amici?*
  *Non illi vestro carmine crescet honos.*
*Iste quidem luctus magnæ est gratißimus vmbræ:*
  *Par tanto Heroï vix tamen esse potest.*
*Ronsardo vt dignè celebrari funera poßint,*
  *Ronsardi Musis & genio esset opus.*
        Nic. eiusdem Rapini filius.
            M h

## STANCES

# SVR LE TRESPAS
## DE RONSARD.

### I.

C E Phœbus des François, ce Prince des Poëtes,
Cé Ronsard, dôt les vers sont autât de trôpettes
Qui fôt bruire en tous lieux son immortel renom;
Il est mort aujourd'huy: mais sa Muse sçauante
En despit de la mort reste encore viuante,
Deterrant du tombeau des grands hommes le nom.

### II.

Comme la Poësie auec luy prist naissance,
Elle est morte auec luy: Phœbus qui sort de France
Fait en leur mont Natal les Muses retourner:
Calliope sans plus en France est demeurée,
Et delaissant ses Sœurs, de dueil toute esplourée
Ne veut de son RONSARD la tombe abandonner.

### III

Quand du tan de Bacchus la brigade eschaufee
Aux bords Oeagriens vint desmembrer Orphée,
Ceste Muse sa mere en mena moins de dueil:
Elle ha le cueur saisi d'vne douleur si grande,
Qu'elle requiert au ciel que mortelle il la rende,
Pour de son cher RONSARD mourir sur le cercueil.

Tu

### IIII

Tu es donc mort, RONSARD, difoit cefte Deeffe,
Et ta cruelle mort m'engendre vne trifteffe,
Qui fera toufiours fraiche au plus vif de mon cœur:
Ma douleur & mon eftre auront mefme puiffance,
Mon effence immortelle au temps fait refiftance,
Et mon durable ennuy des ans fera vainqueur.

### V

Ta mort en moy, RONSARD, fait mourir toute ioye,
Si quelque bien m'arriue, il s'efcoule & fe noye
Dans le torrent de pleurs, qui roulent de mes yeux:
Pour defcouurir le dueil, qu'en l'efprit ie recelle,
Ie veux qu'à l'auenir Alginope on m'appelle,
Ce nom eft conuenable à mes maux ennuyeux.

### VI

Que mes Sœurs à leur gré fans moy leur bal demenent,
Et que fur Helicon feules elles fe tiennent,
Ce lieu m'eft, fans RONSARD, vn defert tenebreux;
Sans RONSARD fes Lauriers font Cypres mortuaires,
Sans luymefme Hippocrene a changé fes eaux claires
Aus marets de Cocyte obfcurément bourbeux.

### VII

Que i'auoy de plaifir lors qu'en fon âge tendre
RONSARD venoit fongneux l'air de noʒ chants entendre,
Et remerquer les faults de noʒ branles diuers:
Que i'aymois à le voir d'vnĕ tefte panchee
Au riuage Afcrean fa foif rendre eftanchee,
Rempliffant d'eau fa gorge & fon efprit de vers.

### VIII

Il me fouuient qu'vn iour ayant fa dextre prife,

M iij

Et le trouuant esmeu d'vne ieune entreprise,
Pour oster le mortel contraire à sa fureur,
Ie le lauay neuf fois; puis d'vne bouche enflée,
Ayant dessus son chef mon haleine soufflée,
Ie luy remplis le sein d'ingenieuse erreur.

### IX

Ce iour deuant mes yeux sans fin se represente,
Et la mort de RONSARD, qui m'est tousiours recente,
Croissant de plus en plus les douleurs que ie sens
Me rentame l'esprit d'vne incurable playe:
Mais en vain d'oublier mes ennuis ie m'essaye,
Car ma Mere tousiours les rapporte à mes sens.

### X

O mort tu te deuois monstrer plus fauorable
Au chantre dont les vers te rendent memorable
En l'Hymne qu'autresfois il fit en ton honneur:
Las! ie croy que ces vers t'ont donné plus d'enuie
De nous rauir RONSARD & le priuer de vie,
Afin d'auoir là bàs vn si graue sonneur.

### XI

Quand Homere mourut i'auoy tant d'esperance
De le voir par RONSARD vn iour renaistre en France
Que ceste seule attente appaisa mes regrets:
Maintenant de moitié ma tristesse s'augmente,
Car l'Homere François, dont la mort ie lamente,
Fait encor vne fois mourir celuy des Grecs.

### XII

I'ay perdu tout espoir de plus voir de Poëtes,
Tousiours mes Sœurs & moy nous languirons muettes
Par la mort de RONSARD qui nous donnoit la voix:

Nous

Nous auons autresfois quitté noſtre Phocide
Afin de ſuyure en France vn ſeul RONSARD pour guide,
Ores puis qu'il eſt mort nous laiſſons les François.

### XIII

Ainſi loin de ſes Sœurs, dont elle fuit la trope
Du treſpas de RONSARD ſe plaignoit Calliope,
Lors qu'elle veit pres d'elle Apollon arriuer:
Ceſſez ( luy dit ce Dieu ) d'eſpancher tant de l'armes,
Celuy que vous pleurez remporte par ces carmes
Vn honneur dont la mort ne le pourra priuer.

### XIIII

C'eſt de moy que jadis les Poëtes nacquirent,
C'eſt par moy qu'en leurs vers tant de gloire ils acquirent,
Par moy RONSARD depuis a tant fait qu'ils n'ont plus
L'heur d'auoir mieux eſcrit que ceux de ſa Contrée,
Et ma docte fureur dans ſa poitrine entrée
Fait que tous ſes eſcrits comme oracles ſont leuz.

### XV

Si Libitine auoit ſur RONSARD quelque force
Mon ſçauoir medecin reuerdiroit l'eſcorce
De ſon tronc qui pourrit au ſepulchre eſtendu;
Mais ce n'eſt point RONSARD ce corps mort que la terre
En ſon giron auare eſtroictement enſerre,
RONSARD, c'eſt ce grand nom par le monde eſpandu.

### XVI

Il eſt vray que le corps giſant ſous ceſte lame
Pour auoir autresfois logé ceſte belle ame
Semble encore auiourd'huy quelque honneur receuoir:
Et la poſterité liſant ſa Poëſie,
Viendra d'eſtonnement & de regret ſaiſie

M iiij

Ce Tombeau de RONSARD par grand miracle voir.

### XVII

Alors ie permettray que ma sainte presence
Fera diuinement par secrette influence
Mon brusque enthousiasme en ce marbre venir:
Et ceux qui de RONSARD auront la tombe veüe
D'vne Delphique ardeur sentans leur ame esmeüe
Se verront sur le champ Poëtes deuenir.

### XVIII

Les pleurs nouuellement versez sur ceste biere
Seruiront de rosee & d'humeur nourriciere
Pour y faire en tout temps ma Plante regermer:
La Palme y doit leuer sa cime glorieuse,
Monstrant que la vertu des ans victorieuse
Sous le creux monument ne se laisse enfermer.

### XIX

Dans les cieux esclairez des raiz de mon visage
Ie voulus triste & blesme arrester mon voyage
Aussi tost que RONSARD eut accomply ses iours:
Et rendant de sa mort la memoire eternelle,
Tous les ans desormais pour merque solennelle
Au temps de son trespas ie finiray mon cours.

### XX

De ces mots Apollon Calliope console,
Et son dueil comme vne ombre esuanoüy s'enuolle;
Alors ces Dieux en Cirrhe à l'instant sont portez:
Phœbus prenant sa Lyre au haut du mont se place,
La Muse entre ses Sœurs retournee en sa place
Diligente reprend ses ouurages quitez.

# SVR L'EPITAPHE DE RONSARD
## faict par luymesme.

Le Cygne Vendofmois dreffant au ciel fon aile
Voulut en fix beaux vers fon obfeque chanter,
Afin qu'autre que luy ne fe puiffe vanter
D'auoir part au renom de fa Mufe immortelle:
    Ainfi voulut Ajax de fa main fe ferir,
Eftant digne tout feul de fi haute entreprife,
Mais par fa main Ajax viuant f'eft fait mourir,
Et par fes vers Ronfard mourant f'immortalife.

## Du temps de fon trefpas qui fut vers la fin de Decembre. 1585.

Sur le poinct que Ronfard fortit de cefte vie,
Phœbus auec l'année acheua fon chemin,
Pour monftrer aus François que l'Art de Poëfie
Deuoit par le trefpas de Ronfard prendre fin.

## Du Latin de M. Heroard.

Garde, garde paffant, ne t'auanture pas
Prophane d'addreffer vers ce tombeau tes pas,
Cefte terre eft facree, & fous elle repofe
Le tout diuin Ronfard, pour n'en dire autre chofe
,, Et beaucoup dire en peu, fçache que c'eft celuy
,, Qui les Mufes feit naiftre & mourir quand & luy.
,, N'efperent nos neueux telle gloire en leur vie,
,, Et que fes furuiuans ne luy portent enuie.
                        ROBERT ESTIENE.
                                N

# ΡΩΝΣΑΡΔΟΥ ΕΠΙΤΑΦΙΟΝ
### ἐκ τῶν τοῦ αὐτοῦ μεταφρασθέν.

Ἐνθάδε Ρωνσαρδὸς κεῖται, θεοὺς ὅς ποκ' ἐν ἄβα
Γλῶ Μοίσας ποτὶ τάνδε μετοίκισεν ἐξ Ἑλικῶνος
Φοίβω ἐφαρμοσσύαις κιθάρης κỳ κρούμασ' ὁμαρτῶν·
ἀλλ' οὐδ' ὡς θανάτω βέλος εὔστοχον ἔκφυγε Μοῖσα
τίοιν, ὃν ᾧδε ταφέντα πέδασεν ἀνέλπιος ὥρη·
σῶμ' ὑπὸ γᾶς κεῖσθω, νόος οὐρανὸν ἀμβερτὸς ἵκοι.

### Εἰς τὸ αὐτόν.

Ὄφρα ἑ τυμβεῦ σαι τιμῆς λελάχωσιν, Ὁμήρου
ἑπτὰ πάλαι γενεαὶ ἤεισαν ἀμφὶ πόλες·
νῦν δ' ἔρις ἥδε πέπαυσ' αι· ἐπεὶ τάφω ἔνδοθι τούτω
σὺν ᾧ Ρωνσαρδω Μαιονίδης ἐτάφη.

### Εἰς τὸν αὐτόν.

Τυφλὸς Ὁμηρος ἔην, κωφὸς Ρωνσαρδος, ἅμ' ἄμφω
σῶμα μὲν ἡμιτελεῖς, νόω δὲ τελόται βι.

### Εἰς τὸν αὐτὸν ἐν ἀλίω Κόσμω ταφέντα.

Ἡρώων κατέχει κοσμήτορα Κόσμος ὁ τύμβος
Ρώνσαρδον, κόσμω κληδόν' ὀειστάμενον.

#### ΡΩΒΕΡΤΟΣ ΣΤΕΦΑΝΟΣ.

## PET. RONSARDI, POETÆ
### Gallici eximij, mem. S.

I Actitet vere beatum Francia hocce seculum,
Quo satus Ronsardus, isque stirpe clarus nobili,
Nobilis splendore musæ Franciam illustrat suam:
Optimos æquans poëtas, quotquot olim Græcia,
Quotquot & Latium tulit, tulitque nostra Gallia,
Quin procul post se relinquens, vera si licet loqui.
Singularis nec poëtæ insignis vno nomine:
Hoc sibi sed præter omnes cæteros ius vendicans;
Eius ex schola quòd innumeri, perinde ac ex æquo
Troïo, Galli poëtæ prodiere nobiles;
Alta quorum nomen astra splendidum superuolat.
Illius bustum, viator, sparge sacris floribus;
Cycneis nisi nouum pennis sepulchrum condere
Mauelis: nam magnus hoc sub saxulo cycnus iacet.

Th. Seb.

Tu as vescu, Ronsard, pour ton contentement,
Et pour ta gloire, assez; en despit de l'enuie:
Peu, pour l'heur de ta France, & pour son ornement:
Trop; pour le cruel mal, qui bourrella ta vie.

Th. Seb.

N ij

## ELEGIE.

PLeuron pleuron Ronſard, tous les Poëtes pleurent,
Mais plutoſt par ſa mort tous les Poëtes meurent:
Les Muſes & l'Amour languiſſent par ſa mort,
Et Parnaſſe ſent bien que ſon Ronſard eſt mort.
Ronſard ce grand Ronſard qui grimpant ſur le feſte
De Pinde & d'Helicon avoit orné ſa teſte
Des Lauriers que Phebus pour ſon chef reſervoit,
Menaçant de bien loing quiconque le ſuivoit:
Ronſard qui ramena les Muſes en la France
Faiſant taire la voix du Cygne de Florence:
Ronſard qui arracha la victoire des mains
Et des chantres Gregois & des chantres Romains:
Ronſard tout l'ornement de tout ce qui peut naiſtre,
Le pere des chanſons, & des Amours le maiſtre:
Ronſard qui fut icy le miracle des Cieux
Et qui ſera la bas le Soleil des bas lieux.
Pleuron pleuron Ronſard, tous les Poëtes pleurent,
Mais plutoſt par ſa mort tous les Poëtes meurent.

　　　Les Muſes & l'Amour le pleurent avec nous,
Les Muſes & l'Amour n'avoient rien de plus dous
Que le dous miel coulant de ſa bouche divine
Quant tout plein de Phebus & du fils de Cyprine
Il chantoit en ſes vers les traits & le brandon,
Les esbatz, les deviz, les jeux de Cupidon,
Ou quand plus hautement & d'haleine plus forte
Et montant de ſon luth les nerfs en autre ſorte
Il chantoit les combats les armets, les eſcuz,

　　　　　　　　　　　　　　　　　　　　La

La gloire des vaincueurs, la honte des vaincus.
O Muses vous estiez son soing & son estude,
Et parmy voz deserts cerchant la solitude:
Il aimoit de se perdre à travers voz lauriers,
Par des lieux inconus à tous ses devanciers,
Il imitoit du Luth le chant d'vne Sereine,
Ores touchant la basse, ores la plus haultaine,
Ores d'accords tous pleins, mais tousiours d'vn bel air
De sa Lyre il faisoit les sept langues parler,
Et les flots gazouillants d'vne argenteuse source
A l'envy de son chant faisoient bruire leur course:
Maintenant il est mort, & les Dieux de la bas
Se sont monstrez jaloux de tant de doux esbats.
Pleuron pleuron Ronsard, tous les Poëtes pleurent,
Mais plustost par sa mort tous les Poëtes meurent.

RONSARD ayant le cueur divinement espris
Et du feu de Phebus & du feu de Cypris
Qu'allumoient les beaux yeux d'vne ieune Cassandre,
Aprenoit aux amants comment il faut espandre
Mille pleurs, dous tesmoins des blessures du cueur,
Et comment le vaincu se peut rendre vaincueur:
Il donnoit à l'Amour les flesches & les flames
Dont il navre les cueurs & reschauffe les ames:
Et comme il luy donnoit des flames pour brusler,
Il luy donnoit aussi des aisles pour voler,
Et fuir la rigueur des beautez trop cruelles.
Amour tu luy doibs tout, & les Nymphes plus belles
Luy doiuent leur Empire, & le nom qu'elles ont,
Et la gloire du bien, & du mal qu'elles font.
O vous doncques Cassandre, ó vous doncques Marie,

N iij

Et vous Genevre aussi, vous qu'il a tant cherie,
Qui avez eu l'honneur d'enchanter ses esprits
Et d'estre le subject de ses doctes escrits,
Pleurez RONSARD pleurez, tous Poëtes le pleurent,
Mais plustost par sa mort tous les Poëtes meurent.
Pleurez donc avec eux, ou si desia sans corps
Voz ames ont passé dans la barque des morts,
Venez Nymphes venez, ou des Nymphes les ombres
Accourez au devant parmy ces forests sombres,
Et recueillez celuy dont les vers amoureux
Ont retiré voz noms des monuments pouldreux,
Les portant avec eux par tous les lieux du monde
Ou s'espand le dous miel de leur douce faconde:
Vous Poëtes aussi que les champs fortunez
Retiennent maintenant de myrthes coronnez,
De lauriers, de l'hierre, & d'vne blanche olive,
Venez le receuoir au sortir de la rive,
Bellay, Belleau, Iodelle, & vous qui n'avez eu
Vieux Poëtes François, l'honneur de l'avoir veu
Le guidant en ces champs, où la voulte Etherée
Espand plus largement sa lumiere dorée
Sus l'herbe & sus les fleurs d'vn eternel Printemps,
Où les Poëtes saincts à Phebus vont chantants
Et carollants en rond par les larges prairies
Entre les beaux œillets, & les roses fleuries.
De myrthe & de laurier vous luy ceindrez le front
Et mesme honneur que vous les autres luy rendront,
Hault vous l'esleuerez sur voz espaules nues
Pour descouvrir au loing les terres incognues:
Vous le presenterez à CHARLES, son grand Roy,

CHARLES à qui voüant & sa Lyre & sa foy,
RONSARD dedans ces vers d'eternelle memoire
A basty de ses mains un sepulchre de gloire,
Que vous serez content ô grand CHARLES de veoir
Eslevé dessus tous celuy dont le sçavoir
Fait que vostre vertu qui n'a point de seconde
Se borne seulement des limites du monde:
Il vous ira contant des nouvelles d'icy
De HENRY nostre Roy, vostre plus doux soucy,
HENRY, qui revenant de la froide Scythie
Trouva par vostre mort la France mipartie,
Et les feux de discorde en mille lieux semez,
Qui furent aussi tost esteints & consumez
Comment il a depuis souz une paix heureuse
Porté dessus son chef la couronne gemmeuse,
Tenu le sceptre en main, & fait regner encor
La iustice & la foy du premier siecle d'or:
Comme il a despoüillé les vanitez du monde
Eslevant son esprit sur la terre & sur l'onde,
Sur les airs, sur les Cieux, ne luy donnant repos,
Et ne le repaissant que de divins propos:
Il vous ira contant les beaux temples qu'il dresse
Où de iour & de nuict, tout remply d'alegresse,
Il se bat l'estomach, & s'humecte les yeux
Les genoux contre terre, & le cueur vers les Cieux:
Comme sa pieté de iour en iour s'augmente,
Comme mille moyens tous les iours il invente
De rendre Dieu propice, & n'est iamais content
Par jeusnes & par vœus bienheureux Penitent,
Et tousiours protecteur de la Foy Catholique,

N iiij

*Ennemy comme vous du mutin heretique:*
*Lors vous vous sentirez tout le cueur resiouir,*
*Et voudrez ô grand Roy toute l'histoire oüir:*
*RONSARD vous la dira, vous laissant vne envie*
*De sçauoir, mais bien tard le reste de sa vie:*
*Et ce que les neveux de noz neveux verront*
*Luy vivant immortel, eux ils vous l'apprendront:*
*O Dieux que i'ay desir que bien tost nouvelle ombre*
*I'aille en ces champs fleuris en augmenter le nombre:*
*Mais le destin m'arreste, & me sera bien tard*
*Quand ie pourray mourir pour te suivre RONSARD.*
*Ce pendant de mes pleurs & d'vn piteux office*
*Ie feray sur ta tombe annuel sacrifice:*
*Et quand l'an revolu ce iour nous reuiendra,*
*Iour triste de ta mort, vne voix s'entendra,*
*Pleuron, pleuron RONSARD, tous les Poëtes pleurent,*
*Mais plustost par sa mort tous les Poëtes meurent.*

    *Mais bons Dieux qu'estce cy, ie sens faillir ma voix,*
*I'ay le cueur estouffé, i'ay l'estomach pantois,*
*Ie rougis, ie pallis, ie tremble, ie forcene:*
*Mon corps est tout en eau, mon ame n'est pas saine,*
*I'oy Parnasse trembler, ie voy le double mont*
*Separer ses deux chefs, ie voy tourner en rond*
*Les champs & les forests, ie voy comme il me semble*
*Les flambeaux de la nuict se lever tous ensemble:*
*Ie voy dedans les Cieux le triste Délien*
*Cacher son chef doré: ie voy, ie ne voy rien:*
*Souz vne obscure nuict toute chose est cachée,*
*Et toute la nature à ce coup desbauchée:*
*Derechef ie voy tout, l'air est large & ouvert,*

                                             *La*

La nuict fait place au iour, le ciel est descouvert,
Vn Soleil tout nouveau comme devant raionne.
Ie voy ce grand P E R R O N, qu'vne troupe environne
De Poëtes vestuz d'vne robe de dueil:
Ie les voy tous ensemble autour de ton cercueil,
Cercueil que t'a dressé ton fidele Galande,
L'enrichissant encor de mainte belle offrande.
Mais la plus belle offrande, & la plus riche encor,
Ce grand P E R R O N te l'offre en vne coupe d'or
Toute pleine de miel, de nectar, d'Ambrosie,
Sur sa tombe espandant vne douceur choisie,
Oeillets, roses, & lis, pour y faire en tout temps
Veoir les riches thresors d'vn odoreux Printemps.
Ie voy le cruel fils de la douce Ericine
S'arracher les cheveux, se battre la poitrine,
Rompre son arc en deux, esteindre son brandon,
Et sa trousse & ses traits jetter à l'abandon,
A pas mornes & lents, trainant à bas ses aisles,
Il vient à tous monstrer les blessures cruelles
Qu'il a receu, R O N S A R D, le iour que tu es mort,
Et se plaindre des Dieux de nature & du sort.
Ainsi dit-on qu'vn iour despoüillé de ses armes,
Souspirant, sanglottant, espandant mille larmes
Dessus son frere Enée, il faisoit de grands cris,
Accompaignant le dueil de sa mere Cypris:
Mais les pleurs & les cris R O N S A R D ne te resveillent,
Tes yeux souz vne nuit en silence sommeillent:
Ils sommeillent helas! en vn cruel sommeil,
Iusques à tant qu'vn Ange ait sonné le resveil:
Pleuron, pleuron R O N S A R D, tous les Poëtes pleurent,

O

Ou pluſtoſt avec-luy tous les Poëtes meurent.
　　Helas! dequoy nous ſert qu'on nous appelle ſaints,
Si la mort deſſus nous peut eſtendre ſes mains:
Dequoy nous ſert helas! que les Dieux ſe ſoucient
De nous & de noz vers? que les hommes nous dient
Recevoir en l'eſprit les dous preſents des Cieux,
Si malgré le vouloir & le pouvoir des Dieux
Nous deſcendons là bas en la commune barque,
Subiects comme le peuple au ciſeau de la Parque:
Parque dont le ciſeau ſans iamais ſe roüiller
Ne ceſſe de couper, trancher, & ſe ſoüiller
Dans le ſang des humains: Parque qui trop cruelle
Emporte la ieuneſſe en ſa fleur la plus belle:
Parque qui raviſſant les ieunes au treſpas,
Les plus vieux toutefois en oubly ne met pas,
Mais va tout devorant, comme louve enragée,
La barque de Charon n'eſt iamais trop chargée,
Toute pleine de morts ſans veines & ſans os
Et de iour & de nuict va traverſant les flots,
De Cocyte & de Styx en neuf ondes retorte,
Là bas deſſus les bords vne grande cohorte
D'ombres de tous endroits va la barque attendant,
Et comme papillons volettent, cependant
Que Charon fait payer aux autres le paſſage,
Les autres va chaſſant de deſſus le rivage,
Toſt ou tard il nous faut aborder à ce port,
Et preſſer de noz pieds le chemin de la mort:
Nous vivons en eſprit, mais tout le reſte tombe
Sous l'obſcure froideur d'vne mortelle tombe.
Le Poëte eſt mortel, ſon œuure ſeulement

　　　　　　　　　　　　　　　　　Dans

Dans l'esprit des vivants vit eternellement:
Ainsi vit maintenant la longue renommée
Des gensdarmes Troyens, Troye estant en fumée,
Et la toile refaitte & deffaitte sans fin,
Dont la Grecque trompoit le courtisan peu fin.
Ainsi vivra Marie, ainsi vivra Cassandre:
Deux Nymphes qui t'ont peu l'vne apres l'autre prendre:
Mais tu meurs ô RONSARD, ne pouvant rien sinon
Mortel leur departir vn immortel renom.
Pleuron pleuron RONSARD, tous les Poëtes pleurent,
Mais plustost par sa mort tous les Poëtes meurent.

On conte que jadis quand la nef de Iason
Des rivages Colchois apporta la toison,
Medée avec le iust de ses secrettes plantes
Renouvella d'Eson les arteres tremblantes:
Las c'est toy qu'il falloit, & non pas luy, RONSARD,
Renouvellant ton corps, rendre ieune & gaillard.
Que ne sçay-ie pour toy connoistre la racine
Qui produit cette plante & cette medecine,
Quand l'Hyver de tes ans le sang t'eust refroidy,
Tout soudain d'vn Printems ton chef feust reverdy.
Mais les Dieux trop cruels, qui nous portent enuie,
Souz de severes loix ont rangé nostre vie.
Apres vn long Hyuer le serpent tout nouveau
Laisse dessouz la terre & ses ans & sa peau:
Les arbres despoüillez tous les ans refleurissent,
Et les champs dessechez tous les ans reuerdissent:
Mais quand l'homme vne fois de vieillesse est attaint,
Elle ne luy rend plus ny ses ans ny son teint.
Tithon le vieil mary de l'Aurore empourprée,

O ij

Se paiſſant de Nectar ſa vieilleſſe recrée,
Et couché ſur les fleurs de ſon lict embaſmé,
Luy va baiſant le front dont il eſt enflamé.
Si l'Aurore euſt voulu noz prieres entendre
RONSARD, elle euſt laiſſé ſon Tithon pour te prendre :
Tu ſerois maintenant auprés d'elle à requoy,
Elle ſeroit auſſi plus contente avec toy.

　　Au lever, au coucher de ta Dame immortelle,
Tu charmerois ſon cueur d'vne chanſon nouvelle,
Quand elle partiroit pour aporter le iour,
Tu irois eſpandant des roſes tout autour
De ſon coche attellé, chaſſant la nuict humide
Tu mettrois en ſes mains de ſes chevaux la bride,
Et puis en les flatant de l'vne & l'autre main,
Cà & là ſur leur col tu coucherois leur crain.
Mais las! tu meurs Ronſard, & noz vœus n'ont puiſſance
De ſoubſtraire à la mort vne mortelle eſſence,
Il faut que ton corps ſoit en vn tombeau reclus,
Et que penſant te veoir nous ne te voyons plus.

　　Las que pouvons nous donc ? Terre ne ſois peſante
A ſes os que tu tiens, imite en l'air pendante
La maſſe de ton tout, qui ne ſe laiſſe aller,
Mais de ſon propre poids ſe ſouſtient dedans l'air.
Terre ſi tu le fais, tu ſois touſiours couverte,
Ainſi que d'vn tapis d'vne herbe molle & verte,
Et noz yeux t'arrozants d'vne ſource de pleurs,
Facent naiſtre de toy toutes ſortes de fleurs :
Pleuron, pleuron RONSARD, tous les Poëtes pleurent,
Ou pluſtoſt par ſa mort tous les Poëtes meurent.
　　　　　　　　　R. Cailler Poëtevin.

ESpris, qui d'Apollon allez suyuant la trace,
Saintement trauaillez d'vn vertueux soucy,
Oubliez des-ormais le chemin de Parnasse,
Les Muses n'y sont plus, elles dorment icy.

## Autre.

Que sert troupe saincte d'epandre
Ces cris en vain sur son trepas,
Ronsard ne nous scauroit entendre,
Car, pour luy, nous parlons trop bas.

## Autre.

Quand Phœbus vers le soir nous cache son flambeau,
Soudain mille beaux feux sortent en apparance:
Ainsy mourant Ronsard, le soleil de la France,
Mille braues espritz naissent de son tombeau.

G. Durant.

GIunta del gran Ronsardo all' altra Riua
L'Ombra felice, il sacro Elisio Choro
Lieto l'accolse, il crin cinto d'Alloro,
Di verde Mirto, & di tranquilla Oliua.

Et voce vdißi, O gloriosa, & Diua
Alma, che di saper si gran Tesoro
Spargesti nel mirabil tuo lauoro;
Quale altra fia, che mai tant' alto scriua?

Tu de la Francia il sol, tu sempiterno
Stupor del mondo sei riuata al segno
Cui trassender non lice ad huom mortale,

O iij

Dumque frai duo piu chiari Toschi, eterno
Loco riceui altero spirto & degno
Recand'honore a tant'honore equale.

Ferrante Grigioni.

HAs tibi do violas, violis mihi dulcior ipsis
Ronsarde, & tribulos inter quodcumque forenses
Iste meus pauper florum produxit agellus,
Hoc tumulo, velut irriguus tibi depluit imber.
　Dum vixti, laudata tibi, tibi culta camœna
Nostra fuit, licet illa malis male nata diebus,
Et paulo asperior constantis nuncia veri,
Non reges, verum regum contemneret aulas.
　Nunc quoniam secuere tuam fata aspera vitam,
Tuque manes, ego dum misera tellure moratus
Conqueror aduersos properanti in funere casus:
Accipe quas iusto soluit tibi Musa dolore
Inferias, nostrisque manent si pondera verbis,
Hoc de te Ronsarde putes, nil grandius vnquam
Ronsardo vixisse suis per secula lapsa,
Venturúmque nihil per postera tempora Gallis.

Lud. d'Orleans.

QVID

QVID TAM FESTINANTER PROPERITAS, VIA-
tor, infalutatis hifce manibus? Confoltius forfan fi paulum tarditaueris. Afta,
aduorte, atque pellege. Non vilis genius, non volgaris vmbra te vocat. Sed aduocat
Ronfardus poeta, Mufæque hofpites quæ huic fepolchro polchram nauant operam.
Quæres quid fepolchro cum Mufis. At Ronfardum hic fe poltum lugent, & deciduis
affiduis flofculorum & oculorum imbribus poetam fofpirant egregium, cuius aufpi-
ciis in Gallias tradoxerint. Scin quam amarit illas perdite? Is dum adulefceret, dies
noctesque bellis Mufarum labellulis hederatim pendulus, modo hanc modo illam
mellito compellabat foauio, vfque dum Virginum brachiolis foeliciter intermoriẽ
vbertim defluentes depluentesque doctrinæ fauos mira dolcedine exfugeret. O foeli-
cem hominem, inquies, fi æque amatum atque amantem narras. Erras, viator, quoipẽ
vtrinque ardebant tædæ incredibiles, & turturillaciũ amantium, crebrisque ictibus
bafia conduplicantium, par flamma, eadem cupido, nec difpar folatium. Intellextin
vnici columbuli vnica gratia occepiffe noftra verba loquier? Quid loquier, inquam,
quæ Athenarum oblitæ, fe Gallicas appellitauẽrint. Sed hæc parua funt. Nam fi mo-
rare, mirere magis, quod immortales deæ, deorum immortalium conciues vni mortali dediderint, quidquid peculi auariter congefferant. Quid ftupes? Ita eft hercle.
Iftunce hominẽ deperierant tam flagranter, vt per fecretiores facratioresque receffus
deductum, doctumque quod vetoftis fecolis occluferant, illi fuum genium & ingeniũ
omne poblicarent. Hanccinè credes prodigentiam? Par eft vti creduas. Obftupuit
orbis quo modo Homærum preliantem, Pindarum tonantem, Theocritum modu-
lantem, Mimnermum lafciuientem, & cæteras mirandæ antiquitatis lufcinias, fum-
mus, medius, imus, creber, incifus, inflexus, vno ore, docte, fcite, & lepide exprimeret.
Imo oprimeret rriumphantes, & de laudis ponte daret præcipites. Adde ad ingenium
quod luxuriante & fuperfoetante verfu, femper calcographis veluti intentis obftetri-
cibus aliquid noui partorifcebat. Sed quæres Mufarum ex confortio ecquid frugis,
ecquid compendi obuenerit. Audi. Percolffus fafcinantis Mufæ amoenitate Henricus
II. magno beneuolentiæ impetu in poetam exarfit. Sic adductum, addictumque fi-
bi, & dotatum ampliter, inter eroditæ voluptatis prima inftrumenta numerauit. Quo
proh dolor, nimium celeriter erepto, breuique Francifco imperante, Carolus præal-
tos gerens animos, nihilque nifi arduum fpirans, Ronfardum fuæ gloriæ præconem
habuit familiariffimum. Quem coluit tam ardenter, vt ficubi abfentem nofcet, verfi-
culis non incoltis, quafi titillante prurigine ad fcribendum commoueret. Viden cul-
tricem altricemque ingeniorum maieftatem regiam. At rarenter fatis. Huius indol-
gentia indigentia femota, vitam cum Mufis duxit foauiffimam. Sed vt eft beatitas
mortalium profluuia fide, & cito decidunt humani Ioues, vbi fenectus complexu an-
norum hominem inuoluit, vifceratim glifcente, & afperiter graffante podagra, mor-
bum ex crudelibus indipifcitur crudeliffimum. Quo cum vi & viribus fæpe congref-
fus, victusque tandem, vbi minutim labantes vitæ præfentifcit fpiritus, more olorino,
Deo canoros verfuum exemplo factorum modos occinens, vitæ exhæres, falil-
lum animæ foperis reddidit, & reuorfionem in coelum fecit. Vixit vrbi & orbi gratus, folis haud gratus maleuolis, qui coelo foloque aduorfi, inue-
recunde maledictis omnes profcindunt & colutulant. Quorum
pus repreffit vfque fortiter, vt capto actoque Mufarum
ferro, has viles animas ipfamque maledicen-
tiam, quafi turbine ictam conficeret.
Da viator, flores poetæ, cuius in-
doftria floret nomen Galli-
cum, & æternum flore-
bit. Dixi. Abi in
rem tuam.

LVDOVICVS AVRELIVS TACTVS MOERORE INCOM-
PARABILI POETAE INCOMPARABILI　P.

*Fautes à corriger.*

Page 7. ligne 34. lifez oblinitur. 9. 2. Piemontois. 19. 7. nondum. 26.
24. adiouta. regretta. 50. 6. fujet.

# AVTRES VERS SVR LE TOM-
## BEAV DE PIERRE DE RONSARD
## Gentil-homme Vandomois.

### Εἰς τὸν αὐτόν.

Οὐ χρυσοῦ λάμποντος ὁ Ρωνσαρδὸς λάχε τύμβον,
  Οὐ παρίοιο λίθου, ὦ ξένε, μήτε γραφῆς·
Γαίης τύμβον ἔχει πολὺ τιμηέςερον ὕλης,
  Ὃν ἂρ ἀμαλδύνει οὐ χρόνος, οὔτε βία·
Ἦθος ἀμεμφές τε, καὶ εὐσεβὲς, ἠδ’ ἀμόλυντον,
  Τὴν Χαρίτων σοφίην, ἔργα θ’ ὅμοια λόγοις.
Φθαρτὰ τίς οὖν αὐτῷ θήσει δαιδάλματα κόσμου,
  Κόσμον τὰς ἀρετὰς ἄφθιτον ὃς κατέχει;

Δαν. τῦ Αὐζυτῦ, ἀνα-
γνώςου βασιλικῦ.

## In tumulum Petri Ronsardi
## Epigramma.

VRna breuis, vates, heu, quot, diuinaque claudis
  Nomina, quot titulis nobilitata manes?

O r

In te *Mæonidæ requiescunt busta, Maronis*
  *Mæonidæ bustis addita busta iacent.*
*Tu capis ingentem, quo non ingentior alter*
  *Pindaron, Ascræi reliquiasque senis.*
*Ossa Venusini vatis vatisque Peligni*
  *Credita sunt fidei, nobilis vrna, tuæ.*
*Quale o depositum, quali seruanda sepulchro*
  *Ossa poëtarum tu breuis vrna capis?*
*Ista in Ronsardo quia turba reuixerat omnis,*
  *Omnis in hoc vno contumulata iacet.*

                      G. Crittonij.

A Spicite, ô ciues, funus Ronsardi, in amore
  *Hic scripsit quicquid Græcia, & Ausonia.*
*Túque para tumulum, Venus, ô ἐπιθυμβία, vati*
  *Qui cecinit belli maxima facta tui.*
    Carolus Mænardus Consiliarius Regius.

L A France est la splendeur de ce grand vniuers,
  *Paris l'est de la France, & de Paris, Parnasse:*
*Mais vn diuin Ronsard fut l'honneur & la grace,*
*Du monde, des François, de Paris, & des vers.*

                      Volusian.

SONETTO.

## SONETTO.

SPegner volse, rea morte a i Gigli d'oro,
Lo splendor, che in Ronsardo splende, assai
Sour'altro, che illustrati gl' habbia mai,
Per dar poi in preda al tempo il nome loro:

All'hor, che cinto Apollo, al sacro choro,
Dalle Muse, le disse, empia, non sai
Che i gran merti han Ronsardo, & gli suo rai,
Fatti immortal' ch'io l'aurei Gigli adoro?

Indi orno di Ronsardo il crin d'allori,
Et Sacerdote il guinse a i sacri altari,
Così Homer, con Virgilio, & col Petrarca.

Spirto sì ben gradito, e in tanti honori,
Assalite hor, co i desir vostri auari,
Duro tempo, aspra morte, inuida Parca?

Matt. Zampini.

NOn sei nato fra Galli? & fra gli odori
De Gigli sei nutrito? & nel Tureno
Paradiso ( natio tuo dolce seno )
Non la madre commune abbracci, & muori?

Nascer' conuien' fra Galli à quei ch'han cuori
Arditi & vigilanti, & che non meno
Grati ad Amor, ch'à Febo, il lor terreno
Sueglian' con matutin' canti sonori.

O VI

*Da piu pregiati Fiori ei (piu pregiato )*
*Riceue odor di Pianta à Dio diletta*
*Non si grande o simil vista giamai.*

   *Nell' occhio della Francia, & nell' amato*
*Piu puro ciel la suà men pura & schietta*
*Parte si posa, & noi postamo i lai.*      P. Giaco. Teb. Malespina.

Com' é ch' il tuo bel lume tu n'asconda
  O nostro Apollo ? e la suaue lira
( Cui l' Orsa, & l' Austro, il Battro el Til amira )
Finiscal suon', che quel del ciel seconda ?

   Dumque é conuersa in trist' & torbi d' onda
Mia breue gioia ? Ahi com' in van' s'aspira
Al far' nulla durar qui, mentre gira
Il sol, che questa selua insiora & sfronda,

   Cosi piangea la Francia, è'n mezzo al grido,
Che disperato insin al ciel rimbomba,
L' Alma gentil dicea dall' alta Corte:

   Viurà Ronsar: che chiude hor sol la tomba
Sua graue salma, jo torno al patrio nido
Poi ch' a lui vita diei, Te tolsi à morte.      Cos. Ruggieri.

Tel que tu as esté, Ronsard, tu debuois estre,
  L'eternité t'ayant appelé pour grand maistre
En ton art, ou l'esprit c'est si bien acquité
Que tes labeurs ioüissent d'vne immortalité.

   Ainsi vueille, o Ronsard, la deité supreme
Non de mirthe ou lauriers, ains du haut diademe
De la gloire eternelle, couronner ton esprit,
Comme à iamais sera au monde ton escrit.
                C. P. C.          SON-

# SONNETS SVR LE TOMBEAV
## de Ronsard, fait par luy mesme.

### I

CY gist ce grand Ronsard, le miracle nouueau
De sa France en son temps, qui suruiuant sa gloire
De l'enuie, en sa vie, emporta la victoire,
Et bastit dans ses vers son immortel tombeau.

Ce tombeau merueilleux, ains son second berceau,
Le plus haut esleué au temple de Memoire,
Du Cygne se mourant nous fait croire l'histoire:
Et luy comme vn Phœnix meurt & renaist plus beau.

Ce flambeau lumineux, qui le premier en France
Les tenebres chassa de la nuit d'ignorance,
D'vn plus clair feu flamboye estant pres de sa fin.

Aussi ce grand Dæmon de celeste orgine
Icy bas agité d'vne fureur diuine,
Ne meritoit d'auoir qu'vn tombeau tout diuin.

### II

Ronsard, premier François, qui dessus la double æle
Et du Beau & du Bon porté dedans les Cieux,
Là, second Promethe, rauis le feu des Dieux,
Dont flamboyoit icy ta belle ame immortelle.

Si tout vif tu montas, par cette triple eschelle,
Des diuines fureurs, iusques aux plus hauts lieux,
Ton bel esprit, deliure, y reuole bien mieux,
A la Terre laissant sa despoüille mortelle.

Aussy prest de sortir de sa dure prison,
Pour, hardy, regaigner son antique maison,
Il vole, Ange nouueau, d'vne æle plus hautaine.

P

*O heros,demj-dieu,ainçois des Muſes Dieu,*
*Tu nous as dit hélas! vn ſi diuin adieu,*
*Que nous en adorons ton ame ſur-humaine.*

P. Del-Bene.

INferias tumulúmque tibi, RONSARDE,pararem,
    *Funeris at mœſti quò monumenta tibi?*
*Illa habeant meritò cæca tellure repoſti,*
    *Nomina queis Stygia nocte ſepulta jacent:*
*His æterna domus fuluis ex ære columnis*
    *Splendeat,& Pario marmore culta micet.*
*At tibi cui famam mentis peperêre labores*
    *Æternam,æternum ſi quid in orbe tamen,*
*Quid iam profuerint operoſo ex ære columnæ,*
    *Marmoráve in tumuli fronte locata tui?*
*Nil aliud tumulus niſi te vixiſſe probabit,*
    *Te tua perpetuò viuere Muſa canet.*

A. T. A. F.

*Quoi donc RONSARD en ſon art le premier,*
*RONSARD eſt mort,& ſon trauail honeſte,*
*Et d'vn renom l'immortelle conqueſte,*
*N'ont ſceu ployer du ſort l'arreſt meurtrier?*
    *Qui euſt penſé que ce braue Laurier.*
*Qui iuſtement enuironoit ſa teſte,*
*N'euſt peu domter l'orageuſe tempeſte,*
*Et les efforts du deſtin coutumier?*
    *Pour neant donc la perſonne s'employe.*

*Aſ e*

*A se guinder par vne longue voye*
*Sur l'Helicon pour se voir couroner:*
  *Si le destin plus cruel que le foudre,*
*Qui ne sçait pas aux mortels pardoner,*
*Met les Lauriers & Poëtes en poudre.*

A. DE TOVRNEBV.

## Cassandræ Lacrimæ, ad tumulum Ronsardi.

*CVr grauis mihi, cur molesta turba es?*
  *Ibit funerea illa pompa vatis,*
*Ronsardi illa mei suprema pompa:*
*Non Cassandra sequar? Mea ista pompa est.*
  *Hinc facessite præficæ loquaces,*
*Hinc facessite quotquot estis omnes.*
*Iusta iniusta datis: datísque nostra:*
*Totum hoc flere meum est. O celluli ambo*
*Quid hic cernitis? O acerba fata!*
*Tu Ronsarde iaces? Videte ocelli.*
*Sed obstant lacrimæ. Silete riui,*
*Temperate oculi. videte. Nunquid*
*Ronsardus iacet? O seuera fata!*
*Dicam plenius? ô iniqua fata!*
*Quidni? saxa meos premunt amores,*
*Ronsardum aureolos meos amores.*
*Quidni? saxa meos tegunt honores,*
*Ronsardum titulos, meósque honores.*
*Quis nunc nomina, quis decus parabit?*
*Quis me gentibus inferet remotis?*
*Occidis mea lux: superstes ipsa*
*Viuam ingloria, spreta & orba laude?*

P    ij

*Nusquam. sed potius tegar sub vno*
*Ronsardi tumulo. Bene est: vt artus*
*Velut cera fluunt tepente corde?*
*Vt largo velut imbre lacrymarum,*
*Hæc membra in riguos eunt liquores!*
*Vt sensim tumulum leues subintrant*
*Artus! Ah tumulum superbe claudis*
*Vespillo? Precor immorare paulùm:*
*Vnà me tumulo statim recondes.*

Io. Iacquerius Par.

## Εἰς τὸν αὐτόν.

Ρονσάρδῳ θνήσκοντι χόρος μελίγηρυς ἀοιδῶν
 Τύμβον ἔδειμε γόοις, τύμβον ἔδειμ᾽ ἔπεσι.
Οὐκ ἄρ᾽ ἀληθὲς ἔην. φθονέει ὁ ἀοιδὸς ἀοιδῷ.
 Ρόνσαρδ᾽ Ασκραίου. οὐκ ἔπος εἰς σὲ ἐλέγη.
Πᾶς ζῶντι προτίω, πᾶς προτίω ἠδὲ θανόντι.
 Πιερίδων τιμὰω κὴ κλέος ἐπίνης·
Αλλ᾽ ἔμπης εἴ τις φθόνος ἔγρεῖο, ὄλβιε χαῖρε.
 Οὐ φθονέουσι καλῶς σκῶπες ἀηδόνίσι.

Nic. Valla.

*Cur claros onerem titulorum pondere manes?*
 RONSARDVS HIC IACET, *sat est.*

P. Burgij.

## D. M.

CAVE VIATOR CAVE SACRA HÆC
HVMVS EST ABI NEFASTE QVAM
CALCAS HVMVM SACRA EST RONSAR-
DVS ENIM IACET HIC QVO ORIENTE
ORIRI MVSAE ET OCCIDENTE COM-
MORI AC SECVM INHVMARI VOLVE-
RVNT HOC NON INVIDEANT QVI SVNT
SVPERSTITES NEC PAREM SORTEM
SPERENT NEPOTES.

Io. Heroardus Regis Medicus. P.

### Εἰς Πέτρον Ρόνσαρδον.

Κωφὸς ἔην λαμπραῶν Ρόνσαρδος ᾄριςος ἀοιδῶν·
Πλῆσατο δ᾽ ὦτα βροτῶν ὑιεπίης χάρισιν·
Θνηξάμβνος τ᾽ ἀκοαὶς ζώντων καὶ ςήθεα τέρπει·
Ωςτε καλῶς ἀίδν κωφὸν ἐόντα τὸ πρίν.

### Idem Latinè.

SVrdus erat vatum princeps RONSARDVS: *at aures*
    *Gallorum implebat carmine mellifluo:*
*Fato etiam functus mentes oblectat & aures:*
    *Hinc audit surdus nunc bene post obitum.*

Fed. Morelli P.

### SONET.

Comme le long du Pau autour de Phaëton
    Ses cheres sœurs pleuroient sa cruelle adventure,
    En se voyant couurir le corps d'escorce dure,
    Et leurs pieds endurcir d'vne estrange façon.
Ainsi pres ce tombeau la troupe d'Helicon

*Sanglottant, souspirant sa chere nourriture,*
   *Regrette son Ronsard, & blasme la nature*
   *De n'auoir respecté le laurier d'Apollon.*
*Las les cris & les pleurs semblables on voit faire,*
   *Mais la cause du mal en ces deux est contraire,*
   *Et divers accidens causent vn mesme effect.*
*Car Ronsard est pleuré quittant la terre basse*
   *Pour monter dans le Ciel ou sa vertu prend place,*
   *Phaëton, pour le sault que du ciel il a faict.*

              C H. De la Guesle.

Αἰεί τοι Κασανδρόφιλ᾽ ἔξοχα μυσοσραφέντι
   Ἀμφιθάλοι τύμϐῳ δάφνη εὐσεφάνῳ,
Καὶ κισσὸς χλοερὸς, καὶ ἄμπελος ἀμφιποτίσδων,
   Ἀμφὶ δ᾽ Ἔρως, κἀυτὴ Κυπερηλύδα φαίοι,
Ἀμφὶ χέρος Ρονσαρδοηρόνων μουσίσδοι ἀοιδῶν
   Πένθεα, οἷς φθονέοι Ἑλλὰς ἅμ᾽ Αὐσονία·
Χαίρετε δ᾽ ἀλλοδαποὶ ποιηταὶ· Φρεγκὶ ἄμφνον
   Γαίθ᾽ ἐνὶ Ρονσαρδῳ ὄξεπόνησεμέλη.

               G. I.

## Sur le tombeau de monsieur
## de Ronsard

### SONET.

**Q**<sub></sub> *Vi gist icy? le grand fils de Méon,*
   *Et celuy là qui sa Mantoüe honore:*
   *Celuy de Thrace & de Rhodes encore*
   *Chantres diuins de la nef d'Iason.*
*Cy gist aussi le doux Anacreon,*

                               *Et*

*Et le Thebain que le vulgaire ignore,*
*Et le Toscan qui son Laurier adore,*
*Et Theocrite, & Mosque auec Bion.*
*Quoy? ce tombeau tous ces hommes enserre*
*Si differents & de temps & de terre?*
*En vn Ronsard ensemble ils estoient tous.*
*De monument ils n'auoient donq que faire,*
*Car en Ronsard ils viuent entre nous,*
*Et de Ronsard ne mourra la lumiere.*

                                        Iaq. le Gras.


Ronsardi Pöetarum Gallicorum Principis è tumulo
cum viatore colloquentis

P R O S O P O P O E I A.

R. *Qvi prætergrederis, rogo, parumper*
    *Adsta si vacat, Hospes, & nouenas*
*Festinante oculo mei priores*
*Tantùm perlege litteras sepulcri.*
V. R O N S A R D V S. R. *Satis est. mora est pusilla.*
    *Qui sim, qui fuerim, moneris Hospes.*
V. *Tun' Lædi placidi clues alumnus,*
    *Quo sic Gallia gloriosa gaudet?*
*Quem sic laudibus euehit, minori*
*Vt sit Mæonides loco, sit ille*
*Minor, Mantua quo beata vate est?*
R. *Sic est. Ille ego, qui sacros coëgi*
*Primus Castalidum choros sororum*
*Incultas prius has migrare in oras:*
*Qui dictantibus elegantiarum*

                                        P iiij

*Phœbo millia multa Gratiísque,*
*Lusi & quæ teneros decent Amores,*
*Et quæ Pindaricos olent rosarum*
*Flores: qui Phrygium tubæ canore*
*Æneǽque parem, parémque Achilli*
*Francum Francigenúm reduxi in orbem:*
*Qui Gallis alia ingeni feracis*
*Tot dedi monimenta, tot lepores,*
*Vt iam nec sua debeant disertis*
*Graiis, nec veteri inuidere Romæ:*
*Nunc ecce, omnibus vt parata vitæ est*
*Finis, parcere nesciente Parca;*
*Qualis te manet, exigo, Viator,*
*Longum marmore sub silente somnum.*
*At libri superant, meúmque docta*
*Immortale viget per ora nomen.*

Lud. Martellus Rotomag.

## In eiusdem Ronsardi surditatem.

*Inuida non raró summos Rhamnusia vexat*
    *Certóque vates mentis orbat organo;*
*Cœcus Homerus erat; surdus* RONSARDE *fuisti.*
    *Viuus quod ille erat, remansit mortuus.*
*Sors mutata tua est; nunc tam bene mortuus audis*
    RONSARDE, *quàm quisquam audiat mortalium.*

Lud. Martellus Rotomag.

Εἰς τ̃ Ρωνσάρδυ Τάφον, ἀνδρὸς ἀρχιεςάτυ τε κỳ τ̃
Κ̃τ̃ν τῆ ποιητικῆ προτάισαντος.

α. Μήπτ᾽ αἴδω ἀσπασμοῦ ξένε τόνδε παρέρχεο τύμβον·
  Οὐχ ἕνα τ̃ν πολλῶν ὑποὶ νεκροὶ ἔχᾳ.
 Ἀλλ᾽ ἅμα Καλλιόπης σοφὸν ἠέα, Μαιονίδεω τε,
  Καὶ Θηβῶν Ἐφθιμον, καὶ χαρίεντα Τέω
 Κύκνον ἔχᾳ μ̃τ̃ Βαττιάδεω τε Θεόκριτον αὐτὸν,
  Καὶ Ρόδιον Μινυηΐτορα ναυτολίης.
β. Γάλλοις φῆᾳδ᾽ ὦ ᾽ν θεσπε, καὶ Ἑλλάδος ὄντας ἀοιδῆς
  Ἡγεμόνας, Μύσαις Λητοΐδη τε φίλοις.
α. Ἀλλὰ σὺ κỳ βασιλῆας ὁμοῦ τοῖςδ᾽ ἐνθάδε κεᾱι
  Γείθεο Ρωμαϊκῶν Ἰταλικῶν τ᾽ ἐπέων·
 Τόν τε Μάρωνα μέγαν, Φλάκκον τε λύρην τεφαιοῶτα,
  Καὶ τ̃ ἀπ᾽ Ομβρίης, καὶ τὸν Οὐΐδιον·
 Τυρρηνόν τ᾽ αὖθος Δάντην, ἀπ᾽ αἰγόν τε Πετράρχαν,
  Τόν τ᾽ Αριωςὸν ἔπᾳ ἔξοχον Αὐσονίων.
β. Καὶ θάμβος μ᾽ ἀΐοντ᾽ ἔχᾳεν, καὶ μᾶλλον ἐπόπτης
  Θαυμάζω τόποις πῶς μικρὸς ἔχᾳ τάφος.
α. Μὴ ξένε θαμβήσον· λέξω γὸ ἃν ὅτι καλύπτᾳ
  Ρώνσαρδον, κείνοις πάντας ὁμῶς ἐρέω.
 Οσα γὸ οἵδε κεῶν ποτὲ δῶρα μετῆχον ἕκαςοι,
  Εἰς ἑνὶ Ρώνσαρδος τῇδεΐ πάντ᾽ ἔλαβεν.

### Τῦ αὐτῦ Ἐπιτάφιον.

Ον τοπρὶν Χαρίτων, ὅν τ᾽ ἔγνως ἀςέρα Μυσῶν,
 Χρυσολύρων Κ̃τ̃ν ὄρχαμον διεπίης,
Νῦν ἴδε Ρώνσαρδον λιτῇ λίθος ὦ ξένε κρύπτᾳ·
 Αφθαρτον δ᾽ ἐπέων ὅςι κλέος φητιδίῳ.
            Λοδυΐκου Μαρτέλλυ Ρωτομαγ.

## De Ronsardo & Homero.

NIl nisi quod mendax rumor tulit eius ad aures
　　Cæci Mæonidæ scripta vetusta docent:
At surdus, famæque leuis mendacia temnens,
　　Quæ sibi Ronsardus visa fuére, canit.
Auribus ergo oculi quàm præstant, veráque falsis,
　　Tam quoque Ronsardus præstat, Homere, tibi.

　　　　ROBERTVS STEPHANVS.

### In tumulum Petri Ronsardi.

AD cineres RONSARDE tuos, tumulúmque recentem,
　　Tristis Apollo sedet, quem piget esse Deum:
Nam si diuina non esset origine natus,
　　Mortuus ha tecum nunc tegeretur humo.

　　　　　　Antonius Bletonniereus
　　　　　　　　　　Cluniacensis

## I

La douceur, la bonté, la vertu singuliere,
　　Et le rare sçauoir qui furent en RONSARD,
　　Au temple de l'Honneur luy feirent auoir part,
　　Tant que la France fut dedans la France entiere.
Mais depuis ( ô malheur!) qu'aueuglement meurtriere
　　Elle se diuisa, rejettant à l'escart
　　Les beaux dons d'Apollon, pour l'insolent soudard,
　　Il ne veid plus fleurir sa gloire coustumiere.
Aussi les vains honneurs d'vn siecle vitieux
　　N'estoient dignes de luy: tant seulement les Dieux
　　Le pouuoient guerdonner au pair de son merite:
Si la France a manqué, Passant, à son deuoir,

　　　　　　　　　　　　　　　　　Ores

Ores on recompenſe au Ciel où il habite
Sa douceur, ſa bonté, ſa vertu, ſon ſçauoir.

                        C. de Thoüart.

SONNETS
Sur le treſpas de Monſieur de Ronſard.

I

PYBRAC a bien dit vray, que lors que Dieu retire
  D'entre nous coup à coup les hommes vertueux,
C'eſt vn ſigne certain d'orage impetueux
Qui doit faire trembler toſt apres vn Empire.
  Il n'eſtoit preſque mort, par maniere de dire,
Que, DE FOIX le ſuiuant au tombeau luctueux
Auecques DV FERRIER, vn temps tempeſtueux
N'ayt broüillé cêt Eſtat de feu, de ſang, & d'ire.
  Tout depuis nous n'auons, helas! oüy parler
Sinon de remu'ments baſtans pour esbranler
La France vers ſa fin, ſi Dieu ne la contemple:
  Mais i'en ſuis hors d'eſpoir, puis que ſemblablement
Ce grand RONSARD eſt mort, Ronſard qui fut le Têple
Des Vertus, & qui fut des François l'ornement.

II

Comme l'Aigle qui a l'aeſle mieux empennée
S'aproche du Soleil, & voiſine les Cieux
Quittant l'infection de ces terreſtres lieux
Pour prendre l'air ſerein d'vne belle iournée:
  Ronſard qui fut l'honneur de toute choſe née
Laiſſant nôtre ſejour eſt volé glorieux
Dans le Ciel pres à pres du Soleil radieux

                                    Q ij

Qui feit celuy qui fait douze maisons l'année:
 Ronsard, dis-ie, du Monde, & de l'age matté,
Sous les cerceaux aeslez d'espoir & de bonté
S'est veu porter au lieu dont il print origine:
Et là pour tout iamais il vit entre les Saincts
Nouuel Ange François chantant l'amour diuine
Mieux qu'il ne feit icy ses amoureux desseins.

  I. Lenglez Secretaire de feu Monseigneur.

## SONET
### A l'immortalité de Ronsard:

SVr ton tombeau, RONSARD, chacun de tous costez
 Vient espandre des fleurs au riuage de Loire:
Et pour sacrer ton nom au Temple de Memoire,
Chacun y vient offrir cent mille nouueautez.
 Vainement tant de gens semblent estre incitez
De faire leurs presents sur vne tombe noire;
Veu qu'en ta mort tu vis d'vne immortelle gloire
En renaissant au rang des sainctes Deitez.
 Non donq sur ton Tombeau, car c'est de tes merites
Le comble reconnu des Muses & Charites;
Ie vien ores t'offrir ce mien Lis blanchissant:
 Present petit au prix de ta grand' destinée,
Mais que recompensant, de l'vne à l'autre année
Ie renouuelleray pour iamais florissant.
  C. Du Lis, Aduocat en Parlement.

         Pro

### Pro Tumulo P. Ronsardi.

Iam-jam Ronsardo concessit laurea viuo:
  Gallica post obitum referat nunc Lilia Cœlo.

### ALIVD.

Quid? Ronsarde iaces! propter crudelia fata:
  Immo, Heros viues, impia fata iacent.

Idem Car. à Lilio.

### Κενοτάφιον Ρονσάρδου.

Ρονσάρδῳ ἰδρύσαντο τάφον γοόωντες ἀοιδοὶ,
  Οἱ κύκλῳ μέλεσιν μαρνάμενοι γοεροῖς.
Ἀλλὰ κενὸς τάφος ἦν, χ' ὃν τεθνειῶτα γοῶσιν,
  Ἀμμιγ' ἀμιλλᾶται ἔμβιος ἀμφὶ τάφον.
Νῦν ἄρα μουσοπόλοι ἄγετ', ἔς αι ὑμῶν μὲν ἀέιςος,
  Ὅςτις Ρονσάρδε κρείτζονα μοῦσαν ἀρεῖ.

Hoc Galli indigenæ vati struxere sepulchrum,
  Hic spargunt violas, lilia, serta, crocos,
Non vt Ronsardi certent ad busta poëtæ,
  Qualiter antiquos mouerat Amphidamas:
Viuit enim, & quoties orco sua carmina fudit,
  Illum turba leuis sensit Atlantiaden:
Sed quisquis tanto mortales finxerit artus
  Vati, quos tumulo claudere fortè velit,
Ronsardum per quos celebrat nunc Gallia vates,
  Expertem tumuli discat ab hoc tumulo.

Ant. Mornacius.

Arreste vn peu passant. Comment? t'estonnes-tu
Pour ne veoir ce cercueil de marbre reuestu?

Q iij

Semes y seulement & le liz & la rose,
Le tombeau de Ronsard n'a besoing d'autre chose.

V. Ph. de Villiers.

ALIVD.

## Sur son tumbeau, Sonet.

Si de ce corps que tiedement i'arose,
Versant du chef mille torrens de pleurs
Tristes tesmoins de mes aspres douleurs
Sur ce tombeau se produit quelque chose;

Le lis, l'œillet, le souci, ny la rose
N'y floriront; car si petites fleurs
N'honoreroient la tombe où les honneurs,
Où le scauoir, & la vertu repose.

Seuls les Lauriers, & les Mirtes sacrez
Qui ombrageoient ses temples honorez,
Prendront du chef & vigueur & racine:

Qui de doux miel, & de manne couuers
Hault eleuez paroistront tousiours vers
Faisans ombrage à sa tombe diuine.

F. Gaultier Angeuin.

O quàm sors hominum dubio discrimine rerum
Ducitur, & vario tramite tendit iter,
Cernimus hos grauibus misere mæroribus angi,
Sæpe alios contra gaudia læta premunt.
Hos auram sequeris carpens, RONSARDE, beatam,
Illos turba refert quæ tua fata gemit.

C. de Loppé.

Diſtichon numerale in obitum P. Ronſardi.

EXpLestI IanI seXto RonsarDe CaLenDas
Fata, VoLat pVLCro gLorIa Lata LIbro.
Ludouici Martelli R.

Quatrain numeral de l'an & iour du treſpas
dudit Ronſard.

Le IoVr qV'en pLeIne reVerenCe
FestIons saInCt Iean L'eVangeLIste,
Atrope, à qVI rIen ne resIste,
Te prIt RonsarD perLe De FranCe.
Loüis Martel.

ROnſard n'eſt point icy, ce marbre ne l'enſerre:
Ronſard à pour tombeau tout ce large vniuers,
Où Phebus l'emporta ſur l'eſle de ſes vers:
Son los neſt point encloz dedans ſi peu de terre.
   La mort qui de ſon dard eſgalement enſerre
Les Rois, les Laboureurs, les bons & les peruers
Oncq n'oſa ſ'approcher aupres des Lauriers vers
Du docte Vendomois, pour leur faire la guerre.
   Non non, Phebus ialoux de noſtre trop grand heur
Le voulut eſchanger auec trop de malheur
En rauiſſant Ronſard dans la voûte etheree.
   Ronſard n'eſt donc icy; va le chercher aux Cieux,
Ou il eſt maintenant le conuiue des dieux
Et y boit à long traicts la douceur nectaree.
                              Seb. Hardy.
                              Q  iiij

## In P. Ronsardi obitum.

*Si numerus vatum tantus iam tanta reliquit*
*Stigmata, & ipse sui cantu incrudescit & arte*
*Ronsardus, Quid Musa nouum de vulnere vulnus*
*Duces? Quid patrio dabis instrumenta dolori,*
*Nempe loquax illic, vbi sis meritura silendo?*
*Da patriæ, tacita liceat periisse ruina.*
*Nam neque fas, illum, cuius virtutibus orbis*
*Gallicus vt stellis micat, eternúmque micabit,*
*Obscuro cineris curam debere Poëtæ.*

Franciscus Delisle Parisinus.

*Cessez Muses cessez ces larmes & ces vers,*
*Car à iamais Ronsard viura par l'vniuers.*

Denis Duval.

## Extraict du Priuilege.

PAR lettres patentes du Roy, donnees à la Roquette lez Paris, le septiesme iour de Decembre mil cinq cens quatre vingts trois: Signees Par le Roy en son Cóseil MORE. Et seellees du grand seel sur simple queüe en cite iaune: Il est permis à Gabriel Buon, marchand & Libraire Iuré en l'Vniuersité de Paris, d'imprimer ou faire imprimer toutes les Œuures de Pierre de Ronsard Gentil-homme Vandomois, reueües, corrigees & augmentees par l'Autheur, en grande ou petite marge, & en diuers volumes, ainsi qu'il aduisera pour le mieux: Auec defenses à tous Imprimeurs & Libraires de ce Royaume, d'imprimer lesdites Œuures de Ronsard, entieres ou separémét en quelque sorte que se soit, iusques au terme de dix ans prochains: ny en vendre & debiter de nouuellemét imprimees dans ledit téps, autres que celles imprimees par ledit Buon: A peine de confiscation desdits liures, trois cens escus d'amende enuers ledit Buon, & d'autre amé de arbitraire. En outre veut ledit Seigneur, que mettant vn extraict du Priuilege au commencement où à la fin desdites Œuures, il soit tenu pour deüement signifié à tous Imprimeurs & Libraires.

www.ingramcontent.com/pod-product-compliance
Lightning Source LLC
Chambersburg PA
CBHW051735090426
42738CB00010B/2274